Designing, Selecting, Implementing and Using APS Systems

生产管理高级计划与排程APS系统设计、选型、实施和应用

［荷］文森特·威尔斯（Vincent C. S. Wiers）
［荷］托恩·德·科克［A.（Ton）G. de Kok］ 著

刘晓冰 薛方红 王姝婷 译

机械工业出版社

生产管理高级计划与排程 APS 系统在发达国家得到了广泛应用，在我国各类企业中也逐渐被采用。建立 APS 系统可以使企业的生产管理实现自动化，提高从物料进厂到成品出厂的准时化能力。

本书包括 APS 系统的定义和背景、作用、决策层级结构、功能设计、项目实施、供应商选择、计划员与排程员、现场使用等内容，是生产制造现场推进使用 APS 系统的必备图书。

本书逻辑清晰、语言简练、通俗易懂、实践性强，可以指导企业生产管理者建立和实施 APS 系统。

First published in English under the title
Designing, Selecting, Implementing and Using APS Systems
by Vincent Wiers and Ton de Kok
Copyright © Springer International Publishing AG, 2018
This edition has been translated and published under licence from
Springer Nature Switzerland AG.

本书中文简体版由 Springer 授权机械工业出版社出版，未经出版者书面允许，本书的任何部分不得以任何方式复制或抄袭。

版权所有，翻印必究。

北京市版权局著作权合同登记　图字：01-2019-6630

图书在版编目（CIP）数据

生产管理高级计划与排程 APS 系统设计、选型、实施和应用/（荷）文森特·威尔斯，（荷）托恩·德·科克著；刘晓冰，薛方红，王姝婷译．—北京：机械工业出版社，2021.1（2025.4 重印）

书名原文：Designing, Selecting, Implementing and Using APS Systems
ISBN 978-7-111-67210-4

Ⅰ.①生… Ⅱ.①文… ②托… ③刘… ④薛… ⑤王… Ⅲ.①企业管理-生产管理 Ⅳ.①F273

中国版本图书馆 CIP 数据核字（2021）第 000656 号

机械工业出版社（北京市百万庄大街 22 号　邮政编码 100037）
策划编辑：李万宇　责任编辑：李万宇　贺　怡
责任校对：张　力　封面设计：马精明
责任印制：单爱军
北京虎彩文化传播有限公司印刷
2025 年 4 月第 1 版第 5 次印刷
160mm×239mm·14.75 印张·2 插页·202 千字
标准书号：ISBN 978-7-111-67210-4
定价：75.00 元

电话服务　　　　　　　　　网络服务
客服电话：010-88361066　　机　工　官　网：www.cmpbook.com
　　　　　010-88379833　　机　工　官　博：weibo.com/cmp1952
　　　　　010-68326294　　金　书　网：www.golden-book.com
封底无防伪标均为盗版　　　机工教育服务网：www.cmpedu.com

献给 Erik Maas，他拥有无与伦比的能力来反思我们作为 APS 顾问的工作，并且总能对我们的工作提出批评或进行赞扬。

—Vincent C. S. Wiers

致 Irene、Casper、Merel 和 Diede，他们是我生命中的馈赠，他们使我成长起来，尽管在我探究运营学问题时常会忽略他们，值得感谢的是——他们还是能够宽容我。

—A.（Ton）G. de Kok

译　者　序

一、翻译本书的动机

译者于 2018 年 5 月在美国休斯敦参加了生产与运营管理学会（Production and Operations Management Society，POMS）会议，参会人数达两千余人，参加会议的主要有从事运营相关工作的专家学者、教学软件开发公司及大型出版商。POMS 会议是一个运营管理领域的国际型盛会，会议的主旨在于扩充和整合所有对提升生产运营管理理论与实践有帮助的知识，同时向管理人员、科学家、教育工作者、学生、公共和私人组织、国家和地方政府，以及一般公众宣传生产运营管理的最新资讯，以此促进全球公共和私人制造与服务业机构中的生产运营及教学的改善。POMS 会议期间，译者在 POMS 会议出版商的流行图书展区与出版商交流时，发现了本书，本书是由施普林格国际出版公司于 2018 年出版的，由 Vincent C. S. Wiers 与 A.（Ton）G. de Kok 两位作者撰写，书中对 APS（高级计划与排程）系统进行了论述，强调基础、易于学习，是一本将 APS 理论与实践相结合的优秀著作。

在近年来，发达国家纷纷采用新的制造模式和技术，例如西方的 APS 系统和 TOC（约束理论），日本的单元式制造（Cellular Manufacturing）等。随着原材料涨价，人工成本不断攀升，我国的制造业遭遇了前所未有的困境，我们需要寻找新的技术方法，平衡精益和敏捷生产，实现制造业升级和强化，这是一个新的发展主题。本书介绍了近几年国内相关领域人员非常感兴趣的 APS 的有关内容。对 APS 使用者来说，首先需在概念层面上确定什么是 APS，其次需在应用层面上明确应以什么样的状态实施 APS 去解决工业中的实际问题。然而，在国内目前的书籍、文献及应用中，缺少对此问题权威且系统的回答，大家的理解各不相同，不同的系统都强调自身是 APS 系统，但在企业的应用中却缺少 APS 的应用亮点。而本书在概念、系统及应用上澄清了 APS 的一些问题，详细介绍了如何利用 APS 这个新的计划方法来构建企业精益敏捷的生产管理系统，帮助企业实现按需生产、精益化和柔性化生产，阅读本书对 APS 从业者大有裨益。因此，回国后，译者立即着手本书的翻译工作，奉献给关心 APS 的学者和实践者，也为我国该领域的发展提供理论和实践的支持。

二、原作者简介

作者 Vincent C. S. Wiers 于 1997 年在埃因霍温理工大学工业工程系获得了博士学位；之后他从事过供应链管理及高级计划排程的相关工作；2001 年，他以研究员的身份进入埃因霍温理工大学；2003 年，他成立了自己的咨询公司 TwinLog，该公司专注于 APS 系统的实施；自 2003 年以来，Vincen 已经开展了 40 多个 APS 项目，为各行各业的公司设计并实施计划系统，同时进行了重新设计生产控制结构和流程的研究。他的研究重点是生产控制中的人为因素和生产控制任务中决策支持系统的使用。另一位作者 A.（Ton）G. de Kok 于 1981 年毕业于荷兰莱顿大学数学和经济学专业，并在 1985 年于阿姆斯特丹自由大学获得了博士学位，之后他在荷兰埃因霍温的飞利浦电子公司定量方法中心（CQM）担任运筹学顾问。1990—1992 年，他在布鲁塞尔波士顿大学任教授。自 1992 年起，他在埃因霍温理工大学担任运营管理专业的全职教授。2006 年，他成立了 ChainScope 供应链优化软件公司，担任首席技术官。他的主要研究领域是供应链管理和并行工程，重点是定量分析，其研究成果已经成功地在许多工业项目中实施。

Vincent C. S. Wiers 与 A.（Ton）G. de Kok 两名作者基于多年的学术研

究和 APS 实施经验，将生产控制中的理论和实践相结合，撰写了这本在 APS 的理论与实践中具有重要参考价值的著作。

三、APS 研究领域的科技计量学分析

译者团队对 APS 也进行了一些资料检索与分析，作为本书的参考资料奉献给广大读者，方便读者更好地了解 APS 的概念定义、发展阶段及研究动态，包括国内外 APS 领域的学术文献发表情况、研究 APS 的主要机构和学者，以及 APS 目前的研究热点内容，为读者阅读本书提供参考与借鉴。

APS 系统是指对原材料和生产能力进行最优配置以满足需求的生产管理系统。在企业生产过程中，生产调度在本质上是很困难的，因为（近似地）解决方案空间的大小依赖于要生产的项目/产品的数量。APS 特别适合于那些简单规划方法不能充分处理的、相互竞争的、优先级之间的复杂权衡的环境。

APS 与信息技术一同成长，经历了如下发展阶段：

1）APS 思想的萌芽阶段——20 世纪 50 年代以前。

2）开始与计算机技术相结合——20 世纪 50—70 年代。

3）与 OPT/MRP II/ERP（最佳生产技术/制造资源计划/企业资源计划）的结合——20 世纪 80 年代。

4）APS 与供应链管理相结合——20 世纪 90 年代以后的 APS。

到 20 世纪 90 年代中期，制造型企业在市场和生产环境复杂、未来预测困难的情形下，逐渐开始实践 APS。随着 APS 的交付规模越来越大，每个用户支付的成本远远高于 ERP，面对快速增长的 APS 市场，传统 ERP 厂商也开始介入 APS。APS 首先在发达国家被接受并逐渐被推广应用，目前，APS 在我国的各类企业中也开始受到关注并开始应用。虽然 APS 常应用在生产系统中，并经常被看作是 ERP 的附加工具，但它本身就是一套系统，也可应用于运输、人员规划和按时间进行资源规划的领域。APS 项目具有复杂、价格昂贵的特点，在其具有巨大的潜在商业效益的同时，也具有较大的失败风险。

可以从两个角度来分析 APS 的重要性。

1)精益提升的角度。制造工厂或车间对精益的追求一般体现在几个方面:正确的时间、正确的物料(指令)、正确的方式、正确的地点等。其中正确的时间,是 APS 能够体现的基础能力,是以计划为牵引的协调。

2)MES(制造企业生产过程执行管理系统)应用提升的角度。随着我国 MES 的应用越来越普及,MES 的应用效果也逐渐呈现出来,在此情况下,企业要思考后续还需如何提升。目前企业应用实施的很大部分 MES 都是没有 APS 的,更多的是用于实现流程衔接顺畅和信息递交规范,在现有作业模式计算机化的背景下,APS 可以实现企业效益的良好提升。从上面两个角度来看,APS 非常重要。

在国外的 APS 研究方面,我们在 Web of Science 的核心合集对"Advanced Planning and Scheduling"进行了检索,共检索到在 2004—2019 年间的 150 篇文献,对其相关类别领域、主要研究机构及主要研究作者的统计分别如图 1 和图 2 所示。由图可知,在检索到的 150 篇英文文献中,主要类别领域是工业工程、工程制造、运筹学与管理科学、计算机科学跨学科应用、管理学等;主要发文机构包括奥尔堡大学、早稻田大学、埃因霍温理工大学、拉瓦尔大学等;发文量较多的研究学者包括东京理工大学的 GEN M.、奥尔堡大学的 STEGER-JENSEN K. 等学者。

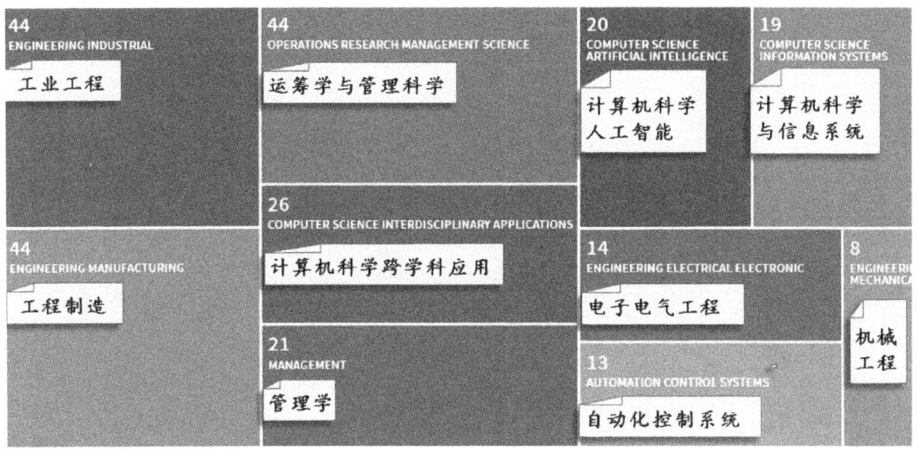

图 1 检索的 150 篇 APS 英文文献类别领域

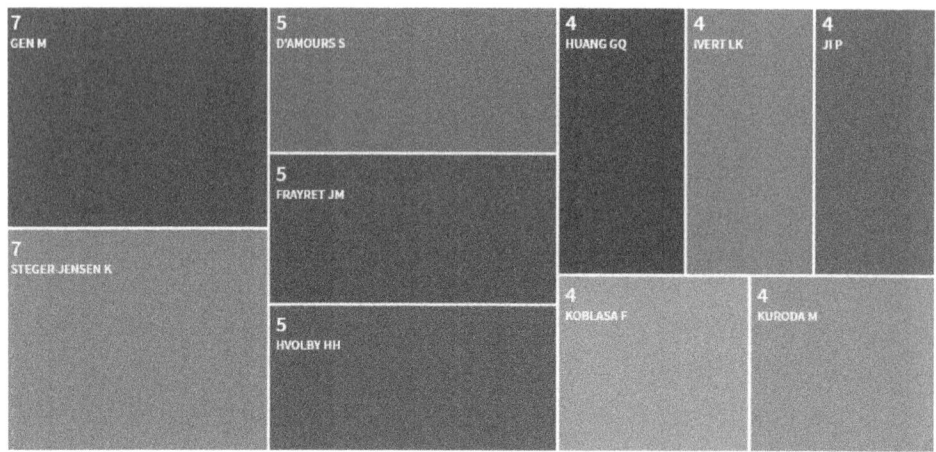

图 2 检索的 150 篇 APS 英文文献主要研究作者

我们还运用 VOSviewer 对检索得到的 150 篇 APS 文献关键词进行统计分析，由图 3 和表 1 可知，主要关键词包括 "advanced planning and scheduling" "systems" "APS" "integration" "supply chain management" 等。

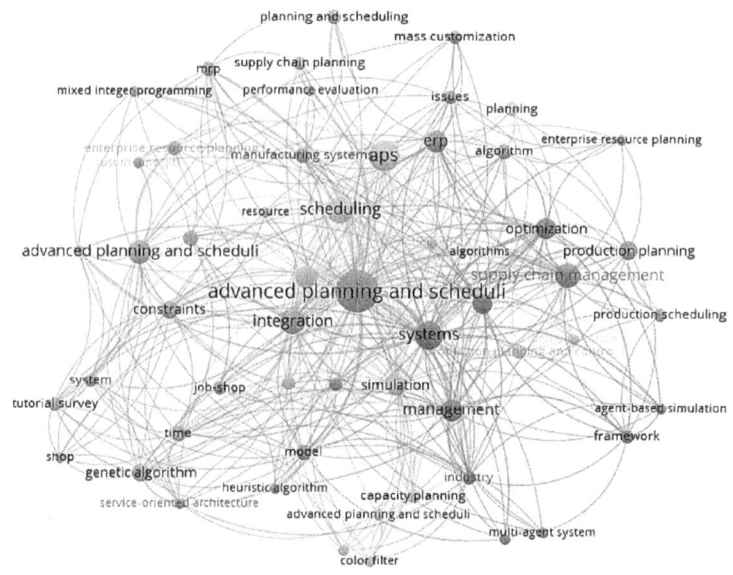

图 3 对 150 篇 APS 文献关键词进行统计分析

表 1　150 篇 APS 文献的主要关键词列表

选择	关键词	事件	总关联强度
✓	advanced planning and scheduling（高级计划与排程）	42	111
✓	systems 系统	19	63
✓	aps（高级计划与排程）	22	51
✓	integration（集成）	15	51
✓	supply chain management（供应链管理）	15	49
✓	supply chain（供应链）	13	48
✓	management（管理）	11	43
✓	optimization（优化）	10	42
✓	scheduling（排程）	16	42
✓	simulation（仿真）	10	36
✓	advanced planning and scheduling（aps）（高级计划与排程）	14	35
✓	erp（企业资源计划）	11	34
✓	performance（性能）	9	34
✓	constraints（约束）	7	31
✓	time（时间）	6	27

同时，我们运用可视化软件 CiteSpace 绘制了文献的领域聚类图（见图 4），通过聚类分析，统计出各领域的研究前沿文献。发现主流研究方向为 scheduling system（排程系统）、scheduling problem（排程问题）、performance evaluation（绩效评估）、potential benefit（潜在利益）、integrated data structure（集成数据结构）等。

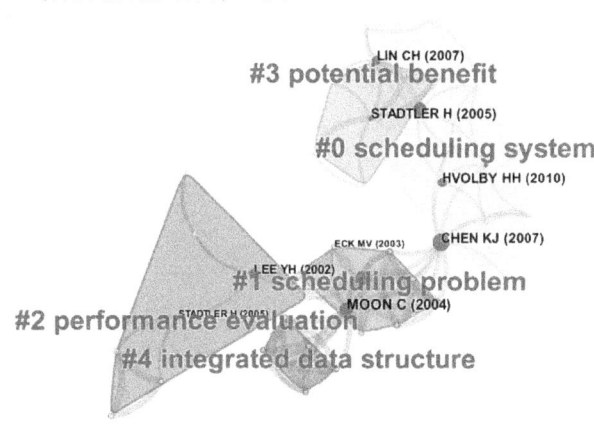

图 4　文献的 CiteSpace 领域聚类图

此外，我们还使用 CiteSpace 绘制了期刊、学科双图叠加分析图（见图 5），图中左侧是施引文献所在的期刊分布，代表了 APS 所属的主要学科（如"1. MATHEMATICS, SYSTEMS, MATHEMATICAL"区域），右侧是对应被引文献所在的期刊分布，代表了 APS 主要引用了哪些学科（如右上角的"1. SYSTEMS, COMPUTING, COMPUTER"区域），前者可以看作 APS 的领域应用，后者可以看作 APS 的研究基础。

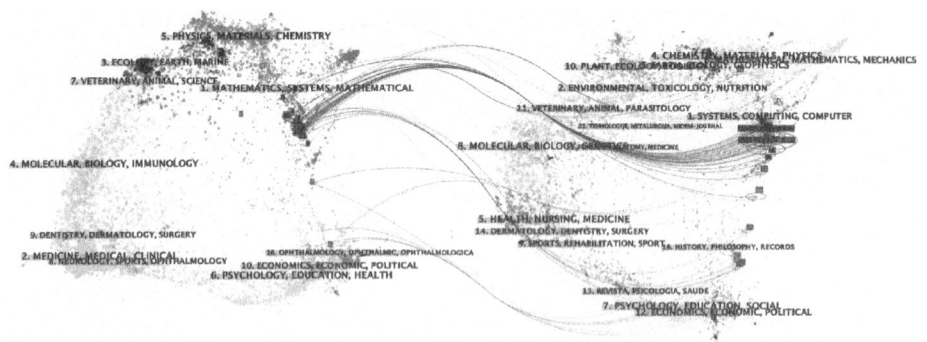

图 5　双图叠加分析图

在国内的 APS 研究方面，我们通过以"APS 系统""高级计划排程""高级计划排产"作为关键词，从中国知网数据库检索出 256 篇论文，对论文进行初步筛查，对 199 篇论文使用 VOSviewer 软件统计出现次数在三次以上的关键词进行可视化分析（见图 6），分析结果见表 2，主要关键词包括"APS""ERP""高级计划排程""生产计划""遗传算法"等。

表 2　中文 APS 文献主要关键词列表

选择	关　键　词	事件	总关联强度
☑	aps（高级计划排程）	49	55
☑	erp（企业资源计划）	21	44
☑	高级计划排程	22	36
☑	高级计划与排程	24	24
☑	生产计划	17	22
☑	遗传算法	17	22

（续）

选择	关 键 词	事件	总关联强度
☑	企业资源计划	10	18
☑	制造执行系统	11	17
☑	生产排程	8	17
☑	mes（制造执行系统）	9	16
☑	交货期承诺	4	14
☑	约束理论	10	14
☑	生产计划管理	3	12
☑	供应链管理	9	11
☑	生产管理	7	10

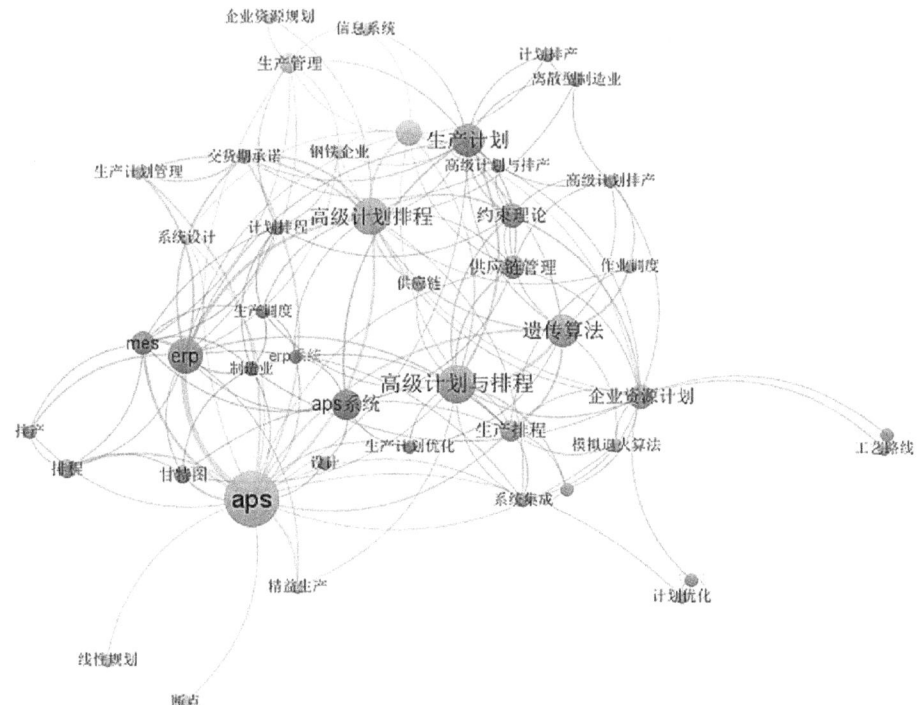

图 6　使用 VOSviewer 软件对出现次数在三次以上的关键词进行可视化分析

在检索分析的 199 篇论文中，被引次数较高的论文包括：

[1] 丁斌，陈晓剑．高级排程计划 APS 发展综述［J］．运筹与管理，2004．

[2] 石为人，余兵，张星．高级计划排产系统与 ERP 的集成设计及实现［J］．重庆大学学报，2003：87-90．

[3] 翁元，周跃进，朱芳菲．基于约束理论的制造业高级计划排程模型的建立及应用［J］．中国管理信息化，2007．

[4] 刘亮，齐二石．高级计划与排程在 MTO 型企业中的应用研究［J］．组合机床与自动化加工技术，2006．

这些论文对读者系统地了解 APS 的发展历程及应用范围具有一定的参考借鉴作用。

四、本书简介与翻译出版情况

译者团队对目前市场上的 APS 书籍进行了调研，国际上关于 APS 的书籍较少，除了本书以外，还有 *Advanced Planning and Scheduling Solutions in Process Industry* 和 *Advanced Planning and Scheduling in Manufacturing and Supply Chains*，这两本书分别侧重流程行业和制造供应链的 APS 系统。本书通过案例和图示介绍了 APS 技术，给出了如何实施 APS 和 APS 项目的建议等，并对企业面对的问题提出了解决方案，从理论背景到设计和实施过程，讨论了 APS 实现的各个方面。

APS 在发达国家应用较多，目前我国 APS 实践属于起步阶段，在国内尚缺乏经典应用案例。国内自行编著 APS 应用著作的条件尚不成熟，因此目前情况下应当以引进为主，探索符合我国国情的 APS 应用模式。本书原书出版时间为 2018 年，注重基础和应用实践，内容比较系统和前沿。正如本书作者在前言中所说，本书的形成过程是不断更新和深化的过程，是作者多年积累的教学成果。

本书包括 APS 的由来、定义，为什么应用 APS，APS 实施环境，APS 功能结构设计，APS 模式及在实践中的应用等。本书逻辑层次清晰、语言简练、通俗易懂,具有很好的可读性。对我国企业的 APS 使用者更深入地理解 APS,对有志于 APS 软件开发、APS 理论培训和研究的人员和公司均有极大的参考价值,也使 APS 技术更容易走向企业实践。

本书可作为高校工业工程、企业运营管理等专业的研究生的教材或教辅,也可以作为制造企业管理者的参考书。本书面向的学生对象非常可观,据不完全统计,开设工业工程专业的高校就有 200 余所,开设企业运营管理相关专业的高校也有 300 余所,读者群非常庞大。本书的翻译版在国内出版,相信会非常方便学生和从业者的学习和参考。

大连理工大学刘晓冰教授组织团队翻译了本书,能够将这样一本好书翻译成中文是很多人的愿望,译者团队感觉到做了一件非常有意义的事。研究生杨铭薇、杨珺婷、朱雪晶、王悦、苗琪琪、章淑蓉参与了本书的资料收集、检查和校对工作,在此感谢他们的努力和贡献。

译者特别要向机械工业出版社相关编辑们的辛勤工作致谢,他们认真细致的翻译建议与指导,帮助译者克服了翻译工作中的很多困难。翻译过程也是一个学习的过程,由于译者水平所限,翻译中的错误和不足之处在所难免,衷心希望能得到读者的指正,以期在重印时进行修订。

刘晓冰

前　言

高级计划和排程（APS）系统已经存在大约 25 年了，并且已经得到许多公司的广泛采用。APS 通常被视为企业资源规划（ERP）的附加部分，但它本身就是一个系统。尽管 APS 的典型应用是在生产系统中，但是它也可应用于运输、人员规划，以及需要随时间分配资源的任何地方。APS 项目复杂且成本高，可能带来很大的商业收益，同时也存在重大的失败风险。据我们所知，并不存在一本涵盖实施 APS 系统所有方面的标准教科书。在本书中，我们旨在从理论背景到设计、实施过程，讨论 APS 的实施情况。

我们将非常关注如何设计 APS 结构，补充现有的生产控制概念。我们将讨论 APS 与计划员的作用。我们介绍了 APS 设计的过程，给出了需要进行典型设计决策的实例。我们还将描述如何实施和使用 APS。我们不仅限于介绍一种特定的 APS 技术或供应商，相反，我们强调不同类型供应商之间的差异。APS 和 ERP 之间的差异将在本书的几个地方进行讨论，虽然 APS 一词经常与 ERP 一起使用，但在许多基本特性上它们还是有很大区别的。

本书主要用于工业工程专业的硕士生教学。在他们的职业生涯的某一时刻，他们将很有可能参与 APS 的实施或使用，本书应该可以为他们提供指导，帮助他们选择合适的 APS 供应商，做出重要的设计决策，组织项目并交付成果。他们对 APS 的理解应超越主要概念，他们必须了解概念是如何形成的，为什么概念在实践中起作用，以及概念什么时候不起作用。本书旨在回答这样的问题。

本书还可供 APS 领域的从业者使用。有些读者是选择或实施 APS 的顾问,有些是制订业务架构的 IT 专家(这种架构其中的一个组成部分是 APS 系统),有些是正在考虑实施 APS 业务流程的企业管理者。

Vincent C. S. Wiers
A.(Ton) G. de Kok

目　　录

译者序
前言

第1章　定义和背景｜1
1.1　计划环境｜1
1.2　什么是APS系统｜3
　　1.2.1　APS的定义｜3
　　1.2.2　APS的结构｜5
　　1.2.3　APS与基于MRP的计划｜10
　　1.2.4　APS计划层级｜11
1.3　APS的历史｜12
　　1.3.1　20世纪60年代：MRP、排程理论｜12
　　1.3.2　20世纪70年代和80年代：MRP-Ⅱ和FCP｜14
　　1.3.3　20世纪90年代：ERP和APS｜15
　　1.3.4　2000年至今：全面的APS套件｜15
1.4　应用领域｜16
　　1.4.1　加工工业｜16
　　1.4.2　离散制造业｜17

1.4.3　运输业 | 18
1.4.4　人工计划和排程 | 18

第 2 章　为什么应用 APS | 20

2.1　情境条件 | 20
2.1.1　复杂性 | 20
2.1.2　大规模性 | 21
2.1.3　缺乏灵活性 | 22

2.2　APS 战略及效益 | 22
2.2.1　简介 | 22
2.2.2　供应链战略 | 23
2.2.3　案例 APS-MP | 25
2.2.4　创建业务案例 | 26
2.2.5　定性效益 | 28
2.2.6　案例 APS-CP | 29

2.3　MRP 的缺陷 | 30
2.3.1　计划资源和物料可用性 | 31
2.3.2　分配和同步 | 34
2.3.3　能力计划 | 37
2.3.4　案例 APS-CP | 37

2.4　组织准备 | 38
2.4.1　愿景 | 39
2.4.2　智慧 | 39
2.4.3　数据 | 40
2.4.4　可预测性 | 41

2.5　可能存在冲突 | 42

2.5.1　集中控制与分散控制 | 42
　　2.5.2　工作量控制 | 45
　　2.5.3　自治协议：谁来决策？ | 46
　　2.5.4　产品混合计划与订单计划 | 47
2.6　APS 的成功与失败 | 48

第3章　决策层级结构 | 51
3.1　层级结构和复杂性 | 51
　　3.1.1　决策层级结构 | 51
　　3.1.2　复杂性和不确定性 | 53
　　3.1.3　处理复杂的类型 | 63
　　3.1.4　分解方法 | 70
3.2　生产控制框架 | 72
　　3.2.1　标准框架的作用 | 72
　　3.2.2　层级规划范式 | 74
　　3.2.3　MRP-Ⅱ中的分解 | 75
　　3.2.4　活动和批次 | 77
3.3　决策层级结构 | 78
　　3.3.1　自然层级结构 | 78
　　3.3.2　构造层级结构 | 81
　　3.3.3　案例 APS-MP | 81
　　3.3.4　计划和排程 | 83
　　3.3.5　分层聚合 | 86
3.4　不确定性与计划员 | 90
　　3.4.1　缺失环节 | 90
　　3.4.2　计划员的作用：一个示例 | 91
　　3.4.3　通过修改问题创建解决方案 | 93

第 4 章 功能设计 | 98

4.1 导言 | 98

4.2 设置 APS 范围 | 99

- 4.2.1 确定计划层级 | 99
- 4.2.2 将 APS 纳入 ERP 环境 | 100
- 4.2.3 工艺路线的生成 | 105
- 4.2.4 系统架构设计 | 106
- 4.2.5 关于状态信息的反馈 | 111
- 4.2.6 部署策略的确定 | 113

4.3 详细设计 | 114

- 4.3.1 前景 | 114
- 4.3.2 详细程度 | 116
- 4.3.3 问题分析 | 117
- 4.3.4 解决方案设计 | 121

4.4 特性设计选择 | 132

- 4.4.1 计划层级之间的相互作用 | 132
- 4.4.2 案例 APS-MP | 133
- 4.4.3 能力核定 | 135
- 4.4.4 物资储备、分配 | 136
- 4.4.5 定义解耦点 | 137
- 4.4.6 案例 APS-MP | 138
- 4.4.7 定义活动 | 139
- 4.4.8 定义预测来源 | 140

4.5 自动化和优化 | 141

- 4.5.1 算法 | 141
- 4.5.2 自动化 | 141
- 4.5.3 优化 | 142

4.5.4　何时进行自动化和优化 | 144

　　　4.5.5　测试优化 | 147

　　　4.5.6　案例 APS-CP | 148

4.6　结构和接口 | 149

第5章　项目实施 | 151

5.1　项目方法 | 151

　　　5.1.1　导言 | 151

　　　5.1.2　APS 与 ERP 项目 | 151

　　　5.1.3　供应商方法 | 152

　　　5.1.4　开发类型 | 153

　　　5.1.5　瀑布式方法与交互式方法 | 153

　　　5.1.6　案例 APS-CP | 155

5.2　项目阶段 | 156

　　　5.2.1　问题分析和解决方案设计 | 156

　　　5.2.2　开发 | 158

　　　5.2.3　交互式开发 | 159

　　　5.2.4　上线 | 160

5.3　项目可交付成果 | 161

5.4　延误的原因 | 162

5.5　团队组成 | 163

5.6　多站点实现 | 164

第6章　供应商选择 | 166

6.1　供应商 | 166

　　　6.1.1　一站式购买与同类最佳产品 | 166

　　　6.1.2　供应商类型 | 167

6.1.3 电子表格有什么问题？| 170

6.1.4 组织特征 | 171

6.1.5 技术 | 172

6.1.6 参考 | 172

6.2 供应商评估 | 173

6.2.1 案头调研 | 173

6.2.2 演示 | 173

6.2.3 需求调查表 | 174

6.2.4 概念验证 | 174

6.2.5 参观访问 | 175

6.3 做出决定 | 176

第 7 章 计划员与排程员 | 178

7.1 计划员和排程员的角色 | 178

7.2 任务模型 | 179

7.2.1 生产控制任务 | 179

7.2.2 计划和排程任务的背景 | 179

7.2.3 日常事务 | 181

7.2.4 案例 APS-CP | 181

7.2.5 时间管理 | 183

7.3 计划中的人类认知 | 184

7.3.1 认知模型 | 184

7.3.2 人类偏见 | 187

7.3.3 高级认知能力 | 188

7.4 使用和验收 | 189

7.4.1 人类对系统的使用 | 189

7.4.2 绩效反馈 | 191

7.5 甄选和培训计划员和排程员 | 192
　　7.5.1 技能和特征 | 192
　　7.5.2 培训 | 194

第 8 章　现场使用 | 195
8.1 实施后的状态 | 195
　　8.1.1 改进与技术上线 | 195
　　8.1.2 持续改进 | 196
　　8.1.3 案例 APS-MP | 197
8.2 行为方面的挑战 | 200
　　8.2.1 遵守计划的情况 | 200
　　8.2.2 短期焦点 | 202
8.3 主数据管理 | 203
8.4 案例 APS-CP | 204

附录　供应链运营计划的约束条件 | 205
附 1　导言 | 205
附 2　物料约束及其表示 | 205
附 3　资源约束及其表示 | 209
附 4　计划提前期与 $\{r_i(t)\}$、$\{q_i(t)\}$ 和 $\{p_i(t)\}$ 之间的关系 | 211
附 5　总结 | 212

致谢 | 213

第1章

定义和背景

1.1 计划环境

通过计划，人类试图用模拟和影响预期在未来发生的事件来控制现实。在计划某件事时，人类会预测将要发生或必须发生的事件、每个事件所需的时间，以及这些事件存在的前提条件和相互关系。价值网络在这里特别重要，因为这些网络需要根据预期的时间线和合理的成本交付产品或服务，我们将这种网络称为供应链，这是实践和文献中使用的常见概念。对于许多公司而言，快速且有效的供应链是一种竞争优势，而计划在实现这一优势方面起着至关重要的作用。这既适用于例如"工厂墙内"的内部供应链，也适用于工厂、仓库和客户之间的外部供应链。

计划和排程对供应链的性能有很大的影响（本书中通常使用术语"计划"来包含"排程"）。通过利用资本密集型资源、采用适当的方法并确定客户订单的优先级，计划决定了公司将为其客户带来的经营业绩。同时，计划在实践中长期以来没有受到太多重视。制订计划或安排日程的人通常没有被明确地挑选或培训来从事这项工作，而且他们往往不被雇主重视。

分析计划流程和任务与在公司中执行的其他任务不同。许多任务是"分析"任务，即在过程之后消化信息并产生解决方案，例如选择或分类。分析任务可以很好地用流程图描述。然而，计划任务在某种意义上是具有挑战性的，因为它们是"综合"任务，这意味着解决方案是从许多方面来设计的，尽管有许多可行的解决方案，但可能没有一个最佳的解决方案。计划任务中的解决方案（即计划）是由大量相互作用的元素组成的。描述综合任务的流程图通常包含一些"框"，每个"框"有许多输入和输出，这些黑匣子（框）包含了计划的魔力。

此外，计划员的世界也在不断变化，因为今天制订的计划可能在明天不再有效。这意味着创建计划所需的时间通常是有限的，重新计划比初始计划更重要。由于计划任务复杂，需要在时间约束的压力下执行，并对公司的经营业绩有很大影响，因此出现了一种专门的决策支持系统来支持这些任务：高级计划和排程（APS）系统。实施 APS 系统与实施其他类型的信息系统有相似之处和不同之处。在本书中，我们将重点讨论使 APS 项目与众不同的问题。

在高级计划和排程（APS）系统可用之前，除了由专业计划员创建的自建电子表格外，通常没有对这些任务的决策支持。许多公司已经实施了 ERP（企业资源计划）系统，这些系统能够很好地执行管理层面的计划，例如订单和库存的管理。然而，ERP 系统对实际的计划工作提供的支持非常有限，它们基本上会产生一长串"要做的事情"（如生产订单），而计划员必须确保这些"要做的事情"能够实际上"完成""将完成"和"已经完成"。

人们最初使用数学模型来设计和优化计划及排程的信息系统，这是在运筹学领域内经一个世纪的时间发展起来的。运筹学是从处理制造业和战争中的计划和排程问题发展起来的一门科学。在 20 世纪 50 年代，计划员和排程员对环境的不确定性和动态性进行优化，在数学上遇到了挑战，阻碍了最优解的确定。

最优解只存在于严格定义的数学模型中，并且假定目标是明确的。但在现实中，计划员面临多个目标，任何数学模型都无法准确描述在某个特定时间点上，可以趋近于理想情况可供选择的选项。在 20 世纪 50 年代，Simon（1956 年）定义了"满意度"这个概念，这并非巧合，Simon 不仅研究了人类行为，也研究了生产计划和排程（Holt 等，1960 年）。

遗憾的是，作为应用数学的一个分支而开展的运筹学研究，其中研究的大多数数学模型都是受现实启发的，而不是基于经验的。总的来说，90% 以上发表的运筹学的论文都是对问题及其背景有完全了解。如果（并且仅当）将数学模型包含在 APS 中以生成计划或时间表，那么它就是确定性模型。在本书中，我们讨论了在不确定环境中使用确定性模型的效果。

与其他新技术类似，APS 系统能够带来许多尚未实现的承诺。成功实施的 APS 意味着使用了该系统能够提高运营绩效。虽然很容易找到成功案例，但也有一些 APS 系统被终止，并且其他的实施尝试也从未成功过。通过本书我们努力提高 APS 实施的成功率，通过支持计划员来实现更好的效益，因此我们专门还为计划员写了一个章节。

1.2　什么是 APS 系统

1.2.1　APS 的定义

APS 是一种信息系统（IS），但是是什么使 IS 成为 APS 呢？对于一些从业者来说，APS 显然提供了支持计划或排程的功能，并且通常具有图形用户界面，但一些 ERP 系统或模块，甚至是电子表格也具有同样的作用。在 ERP 环境下定义 APS 系统特别有意义，因为 APS 系统通常与 ERP 系统一起部署，并且两者之间存在潜在的功能重叠。事实上，ERP 供应商声称他们的 ERP 套件中包含了 APS 功能。

在本书中，我们将使用这个大多数实际情况都有用的定义，不对有 APS 和无 APS 之间进行非黑即白的区分。简而言之，APS 是一种交互式计划工具，包含物理系统模型、引擎和交互式甘特图。这些元素解释如下：

1）需要计划或安排的有形问题的模型，必须针对在一定数量下及时产生的有形物品或服务做出决策。模型可以表示为具有关系的实体或对象，也可以用数学术语表示。该模型能够及时表达产能需求端（例如订单）到供应端（例如机器、操作员、卡车、物料）的计划任务。

2）能够立即重新计算对计划方案、输入数据或状态的其他改变的结果进行分析的引擎。APS 系统通常不需要大量或长时间的模拟运行来重新计算。例如，当另一个作业稍后完成或用户提前进行时，重新计算作业开始的时间。这意味着用户能够体验到对用户操作的即时响应，这对于系统的有效性和用户交互是至关重要的。这里有一个灰色地带，在某些系统中传播非常有限，而且一些系统基本上提供了所需的、可以配置的任何传播。立即计算操作结果的能力取决于问题的大小，当用户更改一个任务的顺序时，显然比同时移动一组任务更容易进行。同样，在供应链的多个阶段中，传递物料需求中的单个更改要比重新计算物料柔性的工作订单发布计划更容易。

3）图形交互用户界面（GUI），描述资源和物料的消耗情况。在考虑任务随时间分配到资源时，在十分之九的情况下 GUI 是一个交互式甘特图。甘特图的形式有很多种，但它们有一个共同的特点，那就是以图形化的方式显示任务并及时分配资源。

APS 系统有一些更典型的特点，我们认为没有必要将这样的系统归类为 APS：

1）算法（关于该术语的定义见第 4.5.1 节）潜在地可用于编制计划和排程。虽然 APS 供应商通常提供的功能是可以实现的，但是算法在实际计划和排程问题上的应用是有限的。有普遍存在的误解是，APS 基本上是生成计划或时间表算法的实现。

2）通常，APS 将许多信息存储在随机访问或易失性存储器⊖中，以便

⊖ 随机存取存储器（RAM）允许不管存储器内数据的物理位置如何，可以在几乎相同的时间内读取或写入数据。这与写入例如硬盘驱动器的数据形成对比，这意味着 RAM 数据比非 RAM 更快。

能够快速重新计算计划，例如用户操作引起的计划。这可以被视为技术特征，用户无法立即看到，但这种技术特性使 APS 能够成为交互式计划决策的支持工具。

3) APS 系统的另一个典型要素是，APS 的类型经常被与 ERP 系统比较，它们通常提供比 ERP 系统更多的特定于环境的计划模型。APS 适用于更具体的环境，更详细的控制层级，例如排程。APS 供应商通过更多地关注特定类别的计划问题，或者通过提供建模技术来创建非常特定的模型来实现这一点。

4) APS 系统侧重于支持特定类型的计划过程，因此比 ERP 系统更具单一性，ERP 系统在不同的功能领域拥有广泛的用户。APS 系统用于计划和排程，即及时将任务分配给资源。

偶尔使用的 APS 的其他名称有：有限能力计划（FCP）和供应链计划和优化（SCP&O）。

1.2.2 APS 的结构

根据上述定义，每个 APS 都有模型（需求和及时供应）、引擎（传播算法）和用户界面（甘特图）。图 1.1 显示了这些元素是如何相互关联的。

图 1.1 用同心圆绘制，以证明外圆只能在内圆正确实现时才能正常工作。我们要强调：在实施 APS 时，最初的重点应该是创建良好的物理世界模型。这与 APS 实现的都是关于优化和算法的常见误解相反。因此 APS 顾问从一开始就需要管理期望，即创建好的模型比实施自动计划和排程具有更高的优先级。

1.2.2.1 模型

APS 的核心是需要计划或排程的物理世界模型。好的模型是完整的、正确的和一致的，并具有恰当的细节水平。从技术上讲，它可以是对象模型，例如在许多信息系统中，对象模型和关系代表现实世界中的元素。可以有表示机器、机器组、路线、配方、操作、产品和物料等的对象模型。

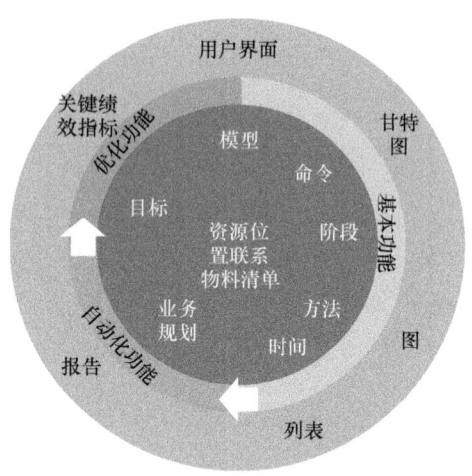

图 1.1　APS 的结构（该图的布局受到 J. C. Wortmann 在 20 世纪 90 年代初期提供的讲义材料的启发，但据我们所知，这些模型尚未在科学期刊或书籍中发表。这就是缺少引用的原因）

一些 APS 系统具有固定的模型结构，可以参数化，并且一些 APS 提供了定义对象的完全自由，从而提供了引入需求、从头开始设计模型的可能性。

1.2.2.2　功能

APS 的功能基于 APS 模型，并为用户提供基于建模对象执行操作（动作、功能、方法）的能力。我们将 APS 分为基本功能、自动化功能和优化功能，但此分类中不包括用于从其他系统导入和导出信息的功能。

1）基本功能。此功能可用于执行相对简单的计算，例如使用密度将体积转换为重量。它还可以根据用户的拖放操作计算计划操作的后果，例如更改操作的顺序。这种功能支持用户检查计划决策的可行性。

2）自动化功能。随着自动化，一组动作（即一个算法，见第 4.5.1 节的定义）在 APS 中执行，以支持计划或排程的生成。用户通常在用户界面中触发自动化功能。但是自动化功能也可以基于某些其他事件触发或按一定频率运行。

这些类型的功能之间的区别并不总是明确的。一般而言，只具有基本功能的 APS 仅支持用户创建或更改计划或排程。所有计划操作都需要由用户手动执行，APS 重新计算这些计划操作的结果。具有自动化功能的 APS 通常可以自动生成部分计划，之后用户可以进行更改。或者在用户创建计划的其余部分之后，再自动生成计划剩下的部分。例如，在用户创建计划之后，APS 执行基于先到先得的自动物料预订。

3）优化功能。生成多个可能的计划或排程，并根据某种评分函数来选择一个的算法，这在本书中被归类为优化功能。在计划和排程文献中描述了许多优化技术，但是 APS 中通常只使用一组有限的算法，如数学编程、邻域搜索和路径优化算法。自动化和优化将在第 4.5 节中做进一步的描述。本书的目的不是广泛地描述计划和排程算法，因为有大量关于该主题的文献（例如，Dessouky 等在 1995 年发现仅提到日程安排就有 20000 篇文献）。

实施优化可能是实施 APS 最具挑战性的部分，特别是在较低的计划层面（见第 1.2.4 节），这一工作应该需要非常谨慎和具有专业技能（第 4.5 节将进行更详细的讨论）。通常，优化更适合于在更高计划层级上创建计划而不是更详细的计划层级（例如日常安排）。这是因为排程问题包含太多的细节，而且上下排程中的操作具有序列的特征，这使得对问题建模更加困难。

1.2.2.3 用户界面

最早的 APS 系统，例如德国 Leitstands 系统，翻译成"控制站"，基本上是用甘特图可视化了生产数据库的内容：预订的订单和作业及其进展情况。在 APS 系统的发展过程中，这些甘特图已经变得具有交互性，这意味着用户可以使用甘特图中的操作来操纵计划或进度表，例如使用拖放操作可以更改特定机器上的顺序。

甘特图可以通过多种方式实现，但我们将甘特图定义为具有以下共同要素，类似于甘特（Gantt，1919 年）的定义：

1）它们是二维图表。

2）横轴表示时间。

3）纵轴表示资源。

4）在图表中，矩形表示工作计划或资源上的排程。

图1.2给出了生产计划的甘特图示例。

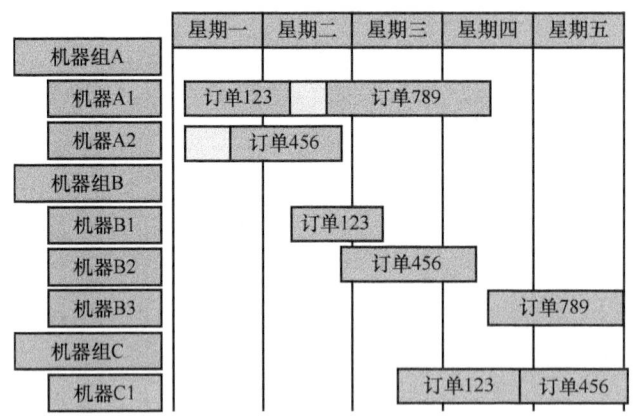

图1.2　生产计划的甘特图示例

图1.2显示了排程问题的许多元素确实可以被可视化，例如机器的分组、订单的操作顺序、订单操作之间的关系类型（示例中的结束、启动没有时间延迟）、订单的路线、同一台机器上两个操作之间的时间设置（机器A1上的订单123和789之间），以及机器A2上的日历停机时间（订单456的第1个操作之前）。在典型的APS中，用户可以通过拖放作业来更改计划，例如更改次序或将操作分配给机器。

甘特图的变体如图1.3所示，它更多的是针对更高水平的计划。

上面的甘特图没有连续的时间，而是用离散的周期来表示时间。周期可以称为条，因为资源上的每个时间段都代表为一个能力条。此类甘特图通常用于较高的计划层级，例如主生产计划和销售与运营计划（S&OP）。另请参见图3.10，其中说明了计划和排程之间的差异。

虽然甘特图是一种使计划信息可视化的有力技术，但并非APS中的所有信息都用图形表示，所有APS也可以使用列表来显示信息。此外，许多APS系统提供了以图表方式显示信息的选项，例如显示库存（见图1.4）。

第1章 定义和背景 | 9

	一月	二月	三月	四月
机器组A	67%	88%	98%	43%
机器组B	99%	100%	98%	67%
机器组C	110%	88%	123%	86%

图1.3 用于计划的桶形甘特图示例

关键业绩指标也可以用图表或某种仪表面板显示，仪表面板在屏幕的固定区域，因此用户可以立即看到计划操作的结果。

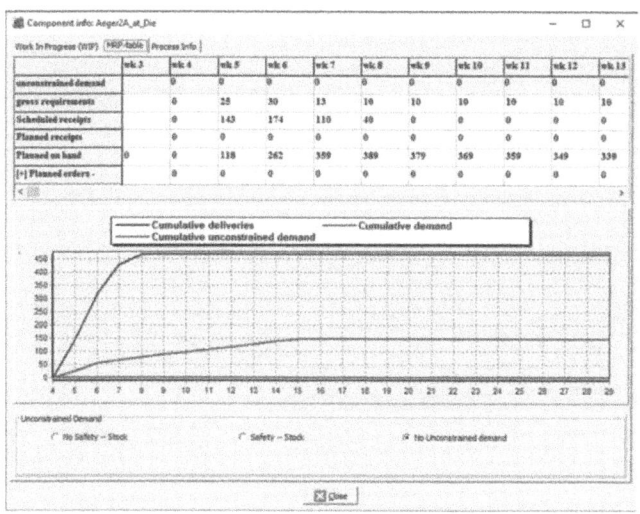

图1.4 显示库存信息

注：Component info：Aeger2A_at_Die 为组件信息：Aeger2A_at_Die；Work In Progress（WIP）为在制品；MRP-table 为 MRP 表；Process Info 为进程信息；Wk3 为第3周；unconstrained demand 为非约束需求；gross requirements 为总需求；Scheduled receipts 为预计到货量；Planned receipts 为计划接收订货量；Planned on hand 为现有库存量；Planned orders 为计划订单；Cumulative deliveries 为累计交货；Cumulative demand 为累计需求；Cumulative unconstrained demand 为累计非约束需求；Unconstrained Demand 为非约束需求；No Safety-Stock 为无安全库存；Safety-Stock 为安全库存；No Unconstrained demand 为无非约束需求；Close 为关闭。

APS 可用于生成可使用电子表格打印或分析的报表。例如，当车间执行系统不能显示计划时，可以使用这些方法将计划传递给车间。但创建计划和排程以及创建纸质报告并不是齐头并进的，计划和排程不断变化，这意味着打印的计划或时间表在很快地更新。通常，最好是通过向用户提供关于 APS 系统的视图来传达信息，或者通过将相关信息导出到其他能够显示相关信息的系统。

1.2.3　APS 与基于 MRP 的计划

APS 出现的一个原因是 ERP 系统缺乏计划支持，ERP 代表企业资源计划。ERP 系统是当今公司的业务骨干系统。在过去的几十年中，许多公司已经实施了 ERP 系统，用于财务、订单管理、库存管理和其他业务流程。尽管 ERP 提供的功能对大多数公司来说至关重要，但在计划和排程方面还不够。MRP-Ⅰ计划和排程的不足之处在第 2.3 节中进行了详细描述。从生产控制的角度来看，ERP 系统应该被视为订单和财务交易处理以及主数据管理的信息核心。

尽管 ERP 中的 P 表明这些系统是关于计划的，但这部分 ERP 系统实际上是非常基础的。ERP 系统的计划功能目前仍然基于在 1967 年提出 (Orlicky, 1975 年) 的物料需求计划（MRP-Ⅰ）。从计划的角度来看，MRP-Ⅰ系统存在以下缺点：

1) MRP-Ⅰ违反了固定交货期的假设。
2) MRP-Ⅰ不遵守物料可用性限制。
3) MRP-Ⅰ不支持有限能力计划。

尽管 ERP 系统存在计划缺陷，但 ERP 系统提供了 APS 系统所需的基本数据，其中包括订单、配方、路线、库存、资源、处理时间等数据，所以它一直是 APS 系统出现的推进力。从信息管理的角度来看，ERP 系统使组织更加"成熟"。APS 系统通常不会自己保存主数据，而是将这些数据导入和导出到 ERP 系统。

1.2.4　APS 计划层级

APS 系统可以应用于组织中的不同计划层级和不同功能区域。用于设计供应链网络的 APS 与用于对工厂部分进行详细排程的 APS 完全不同。图 1.5 显示了 APS 可以提供计划支持的一些领域。

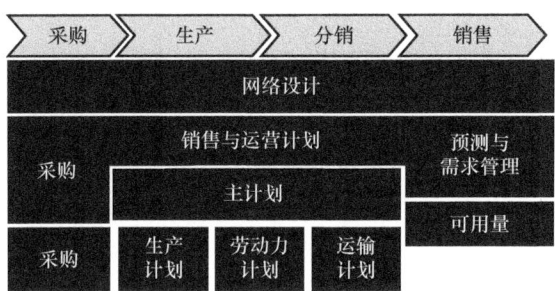

图 1.5　APS 层级和域（基于 Stadtler 和 Kilger 于 2005 年发表的文献）

这张图片清楚地表明，生产控制层次结构和 APS 模块结构之间存在相似之处（请参阅第 3.2 节）。实际上，该 APS 结构可以被视为生产控制结构的一种实现。尽管各种供应商及其模块之间可能存在差异，但大多数 APS 模块可以用此框架定位。

在建立模型方面，用于网络设计、销售与运营计划的 APS 非常相似。但是，在销售与运营计划（S&OP）中，模型通常比网络设计中的更详细，这意味着更多的计划项目和更多的资源，并且有更多的可能性手动更改计划。用于预测与需求管理的 APS 旨在对大量与市场相关的数据进行预测研究，作为 S&OP 的输入，也可能作为主计划的输入。如果严格按照 APS 的定义，预测与需求管理的系统不是 APS，因为它们没有资源模型，它们只处理需求，而不处理供应。S&OP、主计划和生产排程的 APS 有时可用于做出采购和购买决策。APS 主计划通常用于订单决策，即根据生产工艺路线、产能情况、物料可用性和销售计划来确定订单的交货期。可用承诺（ATP）（有时被称为承诺能力（CTP））通常是 APS 主计划的一部分。最后，用于生产调度的 APS 是 APS 系统的"经典"应用，即将作业序列分配给机器。

1.3 APS 的历史

1.3.1 20 世纪 60 年代：MRP、排程理论

1.3.1.1 MRP

信息系统在生产控制中的应用是在 20 世纪 60 年代出现的，其中物料需求计划（MRP-Ⅰ）是最重要的技术（Orlicky，1975 年）。考虑到当时有限的计算机能力，人们认为 MRP-Ⅰ 是一种被设计用于实践的技术，在很大程度上被学术界所忽视。MRP-Ⅰ 提供的计划功能可归纳如下：

1）物料数量暴涨。这意味着，由于对最终产品的需求，需要用物料清单（BOM，参见图 1.6 中的示例）生成组件需求。物料清单包含生产最终产品需要哪些组件以及需要多少组件的信息。

2）提前期抵消。这是指用从组件生产出产品所需的固定提前期，来减去项目所需的日期，以确定组件的生产日期。

图 1.6 是 MRP 计划逻辑的基础。

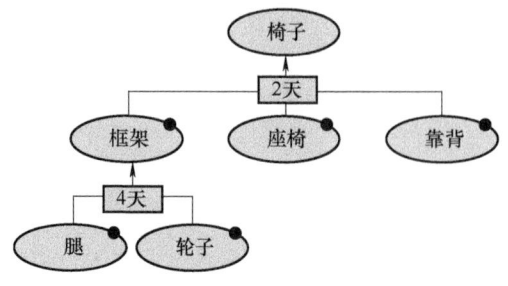

图 1.6 MRP 基于物料清单的提前期抵消

众所周知，MRP-Ⅰ 的弱点是它忽视了产能限制——它只根据标准的提前期给出了需要哪些生产物料，以及何时需要生产的信息。这意味着对于

MRP-Ⅰ,提前期被用作计划过程的输入,但提前期实际上取决于计划资源的能力负荷。然而,MRP-Ⅰ方法也存在一些不太为人所知的缺点,例如物料供应的同步性:当下游组装的物品,例如图1.6中的椅子,因为缺少框架无法及时生产时,MRP-Ⅰ仍会按时订购座椅和靠背,只是这些部件需要等待框架的到来。虽然制造资源计划(MRP-Ⅱ)增加了一些功能,以试图弥补 MRP-Ⅰ的一些不足,但基本的计划理念并未改变。关于 MRP-Ⅰ和 MRP-Ⅱ的不足之处,在第 2.3 节中进行了更广泛的探讨。

因此,MRP-Ⅰ的输出是建议订单的清单,仍然需要根据物料可用性、产能可用性、针对超额订单以及提前交货订单情况来进行检查。这通常是计划员的任务,可使用电子表格等工具来实现。即便在今天,许多公司的工作方式如下:MRP-Ⅰ生成一份订单清单,将它们导入电子表格,然后计划员创建可执行的计划。在某些情况下,结果会反馈到 ERP 系统,例如作为确定的计划订单。在此过程中,MRP-Ⅰ输出的很大一部分要么被改变,要么被忽略(Fransoo 和 Wiers,2008 年)。

1.3.1.2 排程理论

在 MRP 被引入的同一时期,学术研究集中于调度和排程技术,为了能够建立数学模型求解,这些技术被大大简化(Conway 等,1967 年)。在许多情况下,计划和排程问题是"NP-complete(NP 完全,NP 为非决定性多项式时间)",这意味着对于任何现实问题,最优解都无法在适当的时间内找到。因此,有数以千计的关于排程的论文只处理简化为一台或两台机器的问题,尽管有人批评此类研究与实际中的调度毫无关系(McKay,1988 年),但这些论文的数量仍在不断增长中。运筹学界研究的排程调度问题通常假定确定的到达时间和处理时间,并在一组资源上安排一组给定的作业。诸如顺序相关的准备时间,抢占、分配规则,优先关系,以及在执行排程期间到达的新作业之类的问题,大多被排除在这样的程式化问题之外。因此,本研究与其说是解决一个与设计 APS 相关的问题,不如说是一个思想试验。

1.3.2　20世纪70年代和80年代：MRP-Ⅱ和FCP

1.3.2.1　MRP-Ⅱ

在20世纪70年代及以后，从业者意识到MRP在能力计划方面的缺陷，需要寻找新的解决方案。MRP-Ⅰ缺乏能力计划技术，以及缺乏对主计划与详细计划的支持，导致制造资源计划（MRP-Ⅱ）的发展，这是围绕MRP-Ⅰ的一套功能组合。MRP-Ⅱ概念至今仍是ERP系统中实施的计划理念。MRP-Ⅱ的功能概述如图3.5所示。从能力计划的角度来看，MRP-Ⅱ的主要扩展功能有（另见Wortmann等，1996年）：

1）粗生产能力计划（RCCP），提供主生产计划层级的高层级生产能力检查。

2）能力资源计划（CRP），它提供了可视化MRP-Ⅰ运行产生的潜在能力问题的基本方法，但解决此类问题仍然是计划员的任务。

MRP-Ⅱ系统不包含决策支持，它可以帮助计划员找到可行的解决方案，它添加的技术只使用非常基本的模型来可视化潜在的问题。

1.3.2.2　FCP

与此同时，当计算机使系统设计人员能够创建图形用户界面时，第1个包含电子甘特图的有限能力规划系统问世。在德国，这种系统被称为Leitstands系统（控制站），基本上包含订单或工作数据库的附加功能。它可以看作是目前APS系统的前身的计划和调度的商业系统，是在20世纪80年代引入的，最初被称为有限能力计划（FCP）系统。FCP这个名字表明，这些系统与MRP系统是不同的，它考虑了有限的能力。这类系统通常是作为MRP系统的附加系统来实施的，导入MRP运行，其结果用来创建计划。

在学术界，越来越多的研究人员意识到，要解决任何现实问题，必须放弃分析方法，转而采用寻求"好的"（但不是最优的）解决方案的技术。计算机价格越来越便宜，因此这种搜索技术越来越成为一种可行的方法。

由于现实问题的解决方案空间非常大,因此人们可以在设计搜索技术方面进行投入,这些技术可以在合理的时间内找到一个很好的解决方案。因为研究人员可以利用实践中的问题来创建模型,所以理论与实践之间的差距变得越来越小。

1.3.3　20 世纪 90 年代:ERP 和 APS

在 20 世纪 90 年代的某个时候,企业资源规划(ERP)一词被引入,取代了 MRP-Ⅱ,以表示功能不断增长的企业信息系统。这些系统最初只能提供财务和生产支持,现在它们提供了广泛的功能,例如工厂维护、项目管理、人力资源规划和制造执行。然而,ERP 系统的计划引擎仍然基于 MRP-Ⅰ,并增加了 MRP-Ⅱ。

在 20 世纪 90 年代,可以看到 FCP 系统的供应商数量出现了巨大的增长,于是引入了 APS 这一术语。供应商不仅关注排程问题,还关注其他生产控制层面,如网络设计、销售和运营计划、总体规划和运输规划。雄心勃勃的 APS 供应商承诺此系统能够产生巨大的收益,并采取了积极的销售策略。在某些情况下,一些公司确确实实地实现了收益,但许多公司都在复杂的项目和解决方案、不合适的 APS 标准模型和令人失望的结果中挣扎。

1.3.4　2000 年至今:全面的 APS 套件

如今,在定义和执行 APS 项目时,有了更多的现实意义,因为在 APS 概念还很新很"热"的时候,业界已经吸取了教训。与许多趋势一样,APS 也被创造了新的名称,如供应链规划和优化(SCP&O)。自从 APS 这个名词被创造出来后,出现了大量的供应商,现在许多供应商消失、合并或者被其他供应商收购了。APS 系统的广泛采用,使得 ERP 供应商要么自己开发,要么购买这样的套件,来整合进入他们的 ERP 产品。今天,主要的 ERP 供应商也提供 APS 模块,这些模块可以独立于"经典"MRP-Ⅰ导向模块进行操作。同时，许多专业的APS供应商还继续存在。

尽管目前APS系统已被视为支持计划和调度任务的常用工具，但理论与实践之间仍有很大的差距。与相当多的学者所认为的相反，有很多APS的实现根本不包含任何规划或调度算法，而包含的APS通常采用数学编程、启发式和路径优化等成熟技术。学术界对APS系统的研究相对较少，尤其是与大量仍然存在的极大简化的计划和排程问题的研究相比（Bertrand和Fransoo，2002年）。在实际应用中的大部分创新都是由APS软件供应商实现的，基本上与学术界隔绝。这也意味着关于APS设计和实现的文献不多，本书旨在填补这一空白。

1.4 应用领域

对于不同的行业部门，APS系统的使用各不相同。我们将重点介绍APS系统在其主要应用领域的使用。

1.4.1 加工工业

标准APS的早期实施已在制造业，特别是半加工工业中进行，半加工工业可以是任何类型的工业，其中材料和中间产物不是离散的，但最终产物可能是，如啤酒。这些生产过程的特点是由筒仓、储罐、搅拌机和其他加工设备连接组成的网络。这些行业的例子有（动物）食品、化学品、乳制品、饮料和啤酒。对于某些行业，实施侧重于详细的排程，其后还包括S&OP、库存管理和需求管理等计划层次。对于其他行业，则采用了相反的顺序，因为在全球供应网络中建立可见性比在一个工厂内提高效率更重要，例如制药业。

当批次变大、材料复杂性下降时，对APS的需求也降低了。在散装化学工业中，有一些专门的APS系统，但其应用似乎并不像半加工工业那样普遍。当原料品种较少且工厂处于上游时，通常使用生产轮子法（重复的固定顺序）来管理生产顺序，重点是管理中间库存水平以及与运输的协调。

另一个具有高 APS 渗透率的半加工行业是金属加工行业。这种工厂通常具有大量的材料种类和长且变化的工艺路线。资源有许多限制，例如轧机和退火炉。由于这个过程非常耗费资金，因此这些公司认为投资先进的计划和控制系统是合乎逻辑的。在生产链的末端，通常存在切割和分切过程，如何将单个订单分配进行金属表面加工的问题，可以表示为一个经典的运筹学领域问题，即切割优化问题。这意味着这类公司通常具有在生产控制环境中应用数学技术的悠久传统，这使得转向应用 APS 系统成为一种顺理成章的事情。纸张和纸板加工厂也是如此。

1.4.2 离散制造业

由于离散工厂通常复杂度大、产能有限，在离散制造业中 APS 的采用速度相对较慢。ERP 系统提供的标准支持（侧重于管理材料复杂性）更适合于典型的离散工厂，在这种情况下，对 APS 的需求不那么强烈。此外，与过程工业不同，离散制造业没有长期的过程自动化和控制的传统，这有利于计划和排程系统的实施。当工厂自动化实现时，通常会得到有关工艺持续时间的更好的必要主数据。

然而，今天有许多独立的工厂已经实施了 APS，并且其数量正在增长中。APS 可以支持计划员和排程员最大化地减少设置时间，确定创建批量的大小、活动等。这些工厂往往劳动密集程度较高，劳动力甚至可能成为瓶颈能力，运营商的使用可以在 APS 系统中进行计划（参见第 1.4.4 节）。物料分配可能是一个重要问题，也就是说，当其不可用时不应启动订单。有时，当半成品足够通用、可以用于不同的最终产品的情况下，可以对应该优先获得材料的订单进行选择。

在离散制造业中，我们经常观察到，昂贵的资源（如数控设备、检测单元），在多条生产线之间共享。这使得计划和排程任务变得复杂化，从而使 APS 系统更具有效性和可接受性。在离散环境中，使用工具或更通用的辅助资源是 APS 系统的常见要素。这意味着，如果没有特定的工具存在——资源之间共享的工具，主资源就无法运行。有时，这些工具需要在特定的使用期或使用量之后进行维修。

工厂自动化的缺失和车间内相对大量的人，会使 APS 的接受度受到挑战。工作车间是众所周知的最难实施 APS 排程的环境之一（McKay 等，1988 年）。在这样的环境中，实际执行的内容有很大的不确定性，再加上较长的执行周期，这意味着在 APS 中做出的决策被执行之前有很长的延迟（Kok 和 Fransoo，2003 年）。在第 3 章中，我们认为高度不确定性可能会使利用复杂数学模型的 APS 失效。

1.4.3 运输业

运输公司在运营和战术计划中使用先进的计划工具有着悠久的历史。这些公司需要将货物从一个地方运送到另一个地方。货物需要在装运过程中进行组批、规划路线，以及为车辆分配驾驶员。有时，当仓库网络中有类似的物品时，需要选择从哪个地点运送货物。在战略和战术层面上，需要确定仓库的位置，以及哪些物品将在何处进行库存。此外，还必须确定交通工具和司机的数量。随着准时制生产线的产生和城市正在制定关于何时允许卡车进入市中心的法律法规，交货时间变得越来越重要。

列车公司也面临着类似的挑战，但基础设施和材料的物理特性对 APS 提出了特殊要求。在战术层面，必须创建在操作层面执行的时间表，必须考虑卡车的局限性，以及驾驶列车的特殊规则，例如驾驶员每年必须访问特定路段，否则他必须被护送。

1.4.4 人工计划和排程

计划员的 APS 系统通常应用于在运营层面拥有大量员工的组织，并且这些员工具有各种技能和技能水平。结合所需的班次变化的情况，计划员的工作可能会变得非常复杂。在诸如空中交通管制、医疗保健、广播、教育等复杂系统的维护，以及装配线等以劳动力为瓶颈的制造业环境中都会遇到这些问题。支持人员计划的 APS 系统的典型模型元素包括工作和休息规则、休假计划、技能和资格、证书、团队和轮班。这种 APS 的输出可以是计划表，有时也被称为名册。员工将执行计划，并且可能使用考勤表或更自动化的系统来进行登记。这些登记再次输入到 APS，在 APS 中对工作时间、休假天数进行更新。APS 数据可以用作支付系统的基础，尽管工资计算本身通常不是 APS 的一部分。

可以将特殊类型的人事计划命名为多资源计划。在这种环境中，物质资源和人员都要一起规划。例如，对于一个外出广播项目，需要安排车辆、设备和人员。分配特定设备可能会对可分配的人员产生影响，因为这些人员需要具备使用此设备的技能。当人员还需要将车辆开到项目地点时，必须遵守特定的工作和休息规则。

第 2 章

为什么应用 APS

2.1 情境条件

通常,当一个计划问题复杂、较大、操作过程缺乏灵活性时,可以考虑使用 APS 系统。下面我们将更详细地讨论这些特征。

2.1.1 复杂性

当计划或排程问题很简单时,可以很容易地手动解决,并不需要 APS 支持。在小规模问题中,计划或排程的方案不多,或者不同的方案在效果上并没有很大差异。例如,在一些大宗化学品制造情况中,大型设备的分配规则非常少,生产顺序其实并不重要,反正不同项目的数量总是有限的。还有一个例子是装配厂,要及时把所有的零件送到装配线上是一个挑战。不过,尽管解决这样的问题可能很费力,但只要部件是由外部实体提供的,对生产线的能力要求很简单(通常情况下是这样),那么这个问题就不复杂。

复杂性是由具有不同特征的各种资源引入的,当这些特征开始相互作用时,复杂性会变得更加丰富。例如,在半流程型制造中,有许多生产资源存储容量有限,其生产阶段不同、资源之间的联系不同、产量不同、清洁规则不同,甚至污染限制也不同。当需要使用储罐来储存最终产品或中间产品时,需要考虑有限的储罐容量。在其他行业中,复杂性可以用类似的方式引入。例如，在金属加工厂，流程从熔炼和铸造部门开始，熔炉需要连续运转以避免金属在熔炉里面形成大结块。轧机通常需要处理从宽到窄、从硬到软、从细到粗等的线圈。炉子需要根据最终产品的特性对原材料进行配料。包装或灌装生产线存在于许多行业中，需要处理一组特定的包装材料，这些包装材料可能会印刷不同的尺寸和形状。当涉及不同的操作时，其中涉及颜色的应用需要预留印刷辊，在印刷机之间进行共享，否则印刷本身就会很复杂。在运输调度中，几趟车的复杂程度可能是有限的，但是当每天必须交付超过100000件货物时，这就需要非常强大的调度能力。劳动力计划通常在员工多、技能多、劳动规则多、合同类型多、休假计划多的情况下变得复杂。如果还需要同时考虑多种类型的资源，如员工和货车，那么这种复杂性会进一步增加。

在生产操作层面上，可以清楚地看出其中的复杂性——因为物理世界也很复杂，在更高级的生产控制层面上就可能存在复杂性。例如，当需要根据已有的5000个订单计划验证交货日期时，因为每个订单平均有15个操作（包括多个具有一定库存策略的订单分离点）时，履行订货承诺可能是一项复杂的任务。需求计划和预测通常因为涉及大量的数据而变得复杂，这些数据用于从中提取预测信息。例如，可能有10000种产品，每种产品有5个版本，每个版本有20个部件，所有这些版本都需要通过汇总、分解、应用规则、清洗数据、统计技术和规则来进行预测。

2.1.2 大规模性

计划或排程问题可能很复杂，这说明使用APS是合理的，但公司的规模可能会使APS的实施变得不可行。较小的公司或许有非常复杂的计划和排程规则，但支持此过程的APS实施成本太高。在这种情况下，公司可能会探索替代方案。例如，招聘能够分析计划问题的大学生，或者在电子表格中创建计划系统以支持计划员，又或者对一些应用于支持计划员的现有系统进行定制。此类解决方案通常不会提供与APS相同级别的支持，但它们已经足够了，而且可能也是最佳替代方案。

APS 系统的应用对于公司所需的规模或所考虑的生产流程没有硬性规定。除了一些价格较低的 APS 解决方案之外，我们很少看到拥有 100 名以下员工的公司中实施 APS。APS 系统更适合那些可以将类似模型应用于多个地方，从而分摊成本的公司，或者是一个大型资本密集型特定流程的公司，这种公司有理由投资 APS 项目。

2.1.3 缺乏灵活性

当资源在灵活性方面受到限制时，无论是在数量上还是在组合上，控制这些资源将变得更加复杂，这为 APS 的实施提供了需求。少数生产系统拥有通用性资源，或产品之间具有很大的共性，又或两者兼而有之。此外，对于某些价值链来说，增加或减少产能非常容易，例如增加或删除班次，又或分包生产活动等。当由生产活动产生的成本大多是可变的而不是固定的时候，在需求发生变化时，成本更容易上升和下降。还有可能出现由于需求减少，而使产能过剩的情况。

在这种情形下，计划和调度问题相对简单，所需要执行的工作仅仅是简单地发布作业计划，而排队时间对作业生产时间几乎没有影响。因此，APS 的附加值是有限的。

2.2 APS 战略及效益

2.2.1 简介

当一家公司考虑实施 APS 时，它可能会考虑以下问题：①实施 APS 能否产生足够的价值来证明投资的合理性；②它是不是目前最重要的项目；③当使用 APS 支持多个计划层级时，从哪个计划层级开始。此外，并非所有可以应用 APS 系统的潜在领域都同样适合启动项目，因为它可能无法满足实际条件。APS 项目的定义是定义 APS 解决方案的好处并确定范围，这两项活动是相互作用的。在范围界定方面，通过在较高的层次上指定应该做什么和不应该做什么来准备实施项目。在定义阶段，必须分析潜在的收益，并概述项目的范围。当范围和要求明确后，公司才可以继续选择 APS 供应商，或者针对特定供应商调查其 APS 系统是否覆盖此 APS 项目的范围。

2.2.2 供应链战略

实施 APS 应该支持组织的供应链战略（或更一般的运营战略），除了短期可衡量的经济利益之外，这可能是 APS 实施的主要驱动因素。本书不会详细阐述战略定义，相反，将重点介绍与 APS 相关的供应链战略定义的一些要素。

供应链战略要素可以产生对 APS 的需求，要么提高效率，要么提高效果，或者两者兼而有之：

1) 供应链的有效性在于运营绩效指标，如交付可靠性、交付周期、产品种类和交付选项。例如，公司希望在一天内确认复杂的按订单生产产品的交货日期，并在 90% 以上的订单中遵守这些交货日期，更好地为客户服务。APS 可以支持执行复杂的订单接受计划任务，APS 系统可以使用 ERP 系统或电子表格进行可靠的、可保证的检查，这是人工检查所不能实现的。

2) 供应链效率可以通过多种方式实现，例如，通过使用 APS 系统预测需求并管理安全库存水平来减少供应链中的库存，或者通过创建良好的资源分配和序列来减少设置时间。

APS 系统可以帮助实现不同的目标，并使冲突的优先级之间更容易权衡和管理。

供应链管理中的许多作者对"精益"和"敏捷"供应链进行了区分。精益供应链通常在需求变化较小和供应提前期短的情况下实施，而敏捷供应链需要应对需求变化和潜在供应提前期。精益供应链通常关注成本，而敏捷供应链通常关注效率。尽管这可能过于简单化了供应链中的挑战，但它突出了供应链管理中的两个主要问题：①控制成本；②按照市场的预期交付。有些公司需要关注其中的一个方面，但也有一些公司需要同时关注精益和敏捷，而少数公司既不需要关注精益也不需要关注敏捷，因为它们提供独特的产品或服务。图 2.1 显示了四种战略模式，它们可以应用于一组产品或服务，由一家公司的供应链提供。

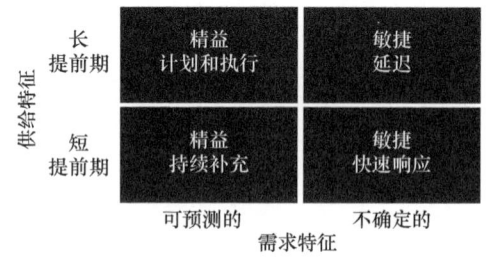

图 2.1 供应链战略（Christopher 等，2006 年）

不同的战略模式如下所述：

1) 在精益计划和执行模式中，APS 的重点是需求预测，将需求转化为可行的供应计划，并生成采购、制造和交付计划。这些计划的重点是最大限度地提高效率，实现可靠的吞吐量时间和交货期。此模式的示例是复杂产品（如机器或飞机）的按订单生产，其中交货期基于可用能力。

2) 在精益持续补充模式下，APS 的重点将放在短期计划和排程上。这种模式的一个例子是动物食品生产。

3) 在敏捷延迟模式中，市场预期与供应链特征之间存在差异。公司应该尝试推迟生产，在半成品中创造共性并保持库存。APS 系统可以帮助分析解耦点、预测需求、接受订单、创建高效计划的最佳选择，该模式的一个例子是金属制造。

4) 在敏捷快速响应模式下，APS 的重点将是根据需求调整计划和排程。生产能力需要快速扩大和缩小，并且可能需要考虑劳动规则来检查资源闲置是否可以被利用,这种模式的一个例子是私人交通。

一家公司可能执行多种上述供应链模式,随着时间的推移,市场和产品的生命周期不断扩展,竞争者进入和离开市场,供应链变得更加专业化(Hameri 等,2013 年)。当引入新产品的公司处于启动阶段时,几乎没有明确的流程,公司的目标基本上是尽可能多地生产,而没有着重关注成本和灵活性。随着市场的成熟、产品特性的增加、新的市场进入,这些带来了更多的复杂性,通常越来越需要控制成本。

当公司开始标准化流程并提高效率,且竞争对手进入市场时,由于公司开始在成本、交付可靠性和交付周期上展开竞争,APS 更容易制订。随着市场的发展,客户将越来越多地控制订购条件,如最小订购量、产品种类等,为了能够竞争并控制成本,APS 可以发挥重要作用。

2.2.3 案例 APS-MP

图 2.2 所示为最佳实践生产控制与观察到的生产控制的对比。

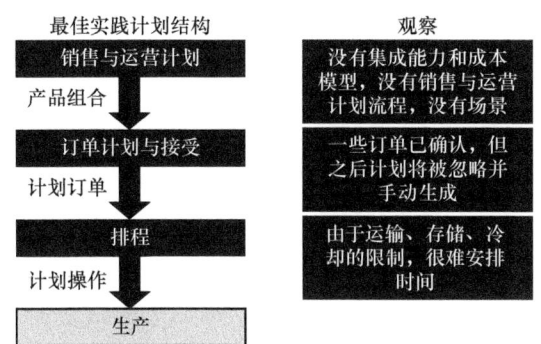

图 2.2 最佳实践生产控制与观察到的生产控制的对比

在销售与运营计划(S&OP)方面,应将预测转化为基于财务和能力模型的计划。在 S&OP 中,根据客户需求,产品附加值和功能决定公司希望销售和制造的产品。在示例公司中,此层级未运行。

在订单计划与接受方面,订单被接受,因此公司承诺提供客户需求。

在考虑 S&OP 的同时，应接受订单。在示例公司中，确认的截止期在确认过程后被"遗忘"，公司专注于每周的产量，而不是及时交付订单。

排程（包括排序和分配资源）关注如何最有效地生成订单计划，并考虑详细的物理约束。在示例公司中，资源中的物料到达是非常不可预测的，这使得排程员难以把目光放在几个小时的生产之外。

2.2.4 创建业务案例

许多公司要求在 APS 实施开始之前编写一个业务案例。APS 的投资回报通常需要 1~2 年。虽然公司本质上是金融实体，所有成本都需要根据收益进行合理调整，但这种方法存在许多缺点：

1）更好的计划和排程所产生的好处可能难以量化。有些人可能不同意，因为已经为 APS 项目创建了大量的量化业务案例。然而，即使是最复杂的财务计算，也需要通过主观预测来估计可以实现多大程度的改进。

更一般地说，在几乎所有的实际情况下，都不能确定计划和排程的最佳性能。定量业务案例可能包含许多优质的计算，但是在我们所看到的所有案例中，推理链都是从基于一些人为判断的一小部分估算开始的。

2）拥有合理的业务案例并不意味着 APS 实施将会成功，即使实施本身成功了。相反，在经济上无法证明合理的 APS 实施可能会给公司带来很大的利益。

在本书中，我们主张创建一个量化的业务案例，但不要仅仅让其指导 APS 的决策。还需要有一个愿景：公司还应该问自己是否希望在供应链计划和排程的某个领域处于领先地位，是否想为其专业计划人员提供正确的工具来进行他们的工作。例如，当计划员感到他们处于一个时间压力下，并且在复杂的区域中操作，以至于他们不知道他们的计划是否正确时，可能就需要考虑使用 APS 了。

虽然根据一些人的说法，为 APS 实施创建金融业务案例至关重要，但对财务影响的估算将始终基于判断、期望和假设。这意味着定量的业务案例不一定比定性的业务案例更好。两者的区别仅在于，对于定量业务案例，"软因素"已被量化或"假定为不存在"；而对于定性业务案例，判断则留给案例的读者。

APS 的定量经济效益最终体现在有效性和效率上，换言之，在降低成本的情况下，提供更好的供应链绩效。创建定量业务案例首先要确定供应链效率和供应链有效性的更高层次的目标，并将这些目标转化为可衡量的关键绩效指标（KPI）。下面提供了这些目标的一些例子，通过使用诸如"供应链关键绩效指标"之类的搜索术语可在互联网上轻松找到更多目标（见表 2.1）。

表 2.1 供应链计划目标示例

供应链效率	供应链有效性
库存成本	交付可靠性
材料产量	交付提前期
资源利用	缺货
运输成本	遵守库存目标
外包成本	
能源成本	
报废成本	
计划和控制工作	

有时，供应链效率或成本进一步细分为运营支出和营运资本成本。

构建业务案例的下一步是详细说明如何衡量这些目标。例如，交付可靠性可以通过许多不同的方式来衡量：客户订单交付过晚或订单的平均延迟。公司可以选择在此措施中仅包括已确认的订单，或者仅包括在已确认交货日期后 2 天内交货的订单。订单更改后，可能会从测量中排除。此外，有许多方法可以使这些测量更加具体。

创建业务案例的第三步可能是最困难的——估计每个目标的改进潜力。如前所述，对于大多数目标，不可能确定规范的绩效水平。为了估计改进潜力，以下观点可以提供一些方向：

1）可比公司。同一公司的其他公司或类似网站可能存在基准数据。

2）历史数据。当衡量绩效指标一段时间后，变化可以表明计划的质量是不一致的，并且更好的计划可以在更高的测量水平上提高绩效。

3）计划分析。通过分析过去的计划，可以发现次优的计划任务，并评估其对绩效的影响。显然，执行此操作非常耗时，并且并非所有用于创建计划的考虑因素都是已知的。

4）APS 供应商。APS 解决方案的供应商可能有一些指示性数据，说明在实施其解决方案时实现了哪些节约。然而，这不是客观的信息来源，因此应谨慎考虑。通过参考访问可以确认供应商提供的数据。

2.2.5 定性效益

尽管 APS 的定量效益难以评估，但定性效益更难以转化为财务价值。然而，对于一些公司来说，推动 APS 实施的是定性优势。APS 实施的一些最常见的定性优势包括：

1）响应能力。拥有 APS 意味着可以更快地完成创建和更改计划。这意味着从改变计划以适应变化的角度来看，公司将更加灵活。例如，当资源出现故障时，计划员可以立即将工作移至其他资源，或计算对交付可靠性的影响。

2）透明度。这适用于轻松获取有关计划状态的信息。计划部门通常是公司的信息中心，拥有 APS 可以减轻计划员的一些电话和电子邮件的需求。在 APS 中制订一个可供所有利益相关者查看的计划，可避免相关人员不了解正在发生的事情。

3）通信。APS 可以作为支持通信的工具。例如，在计划会议时，可以使用 APS 模拟潜在决策，这意味着当决策的后果可以轻松可视化时，决策制订的事实基础更加强大。再例如，当销售部门要求及时生产订单而产能不足时，计划部门可以立即模拟订单计划的效果，这将延迟其他订单。

4）标准的工作方式。APS 可以帮助计划员调整工作并更快地培训新的计划员。根据经验，当实施 APS 时，计划工作通常会减少 50%。实施标准 APS 还有助于标准化公司的系统布局，并取代难以维护的定制系统和电子表格。

在定性分析的背景下值得注意的是，到目前为止，有效的计划和排程主要依赖于隐性知识，即计划员和排程员在相当长的时间内积累起来的知识，在各种特定的时间点上充分利用现有的每一种可能的灵活性。隐性知识对其他人不透明，也不容易交流。此外，尚不清楚隐性工作方式是否有效和高效。通过 APS，公司就不那么依赖隐性知识了。在第 7 章中，我们将详细讨论计划员的作用。

2.2.6 案例 APS-CP

文献中已经报告了下文所述的协作计划（CP）案例（De Kok 等，2005 年），本文的重点是 APS 系统的实施对供应链绩效和相关公司盈利能力的影响。关于后者，2006 年的一项内部评估显示，APS 系统和已实施的决策过程在 5 年内，年营业额达 2 亿欧元，每年营业额增加 1500 万欧元。

1999 年年底，为了对抗牛鞭效应，提出了 CP 过程（Forrester，1958年；Lee 等，1997 年）。通过创建一个从飞利浦半导体到原始设备制造商（OEM）[如 Vtech、BenQ 和飞利浦光学存储（该流程的启动客户）] 的供应链综合运营计划和控制流程。电子制造服务（EMS）提供商（如 Jabil 和 Flextronics）未参与计划过程，但有关其在制品和现有库存的相关信息每周也会上传到 APS 系统中。因此，对 EMS 系统的订单发布⊖进行了 100% 的物料可用性检查，与其他所有订单发布一样。

为了利用现有的（隐性和显式）知识，APS 系统应该能够将计划的短缺与其根本原因联系起来，即计划的接收时间不能满足需求。由于计划的短缺可能在计划范围的任何时间段内，因此供应链中的任何计划收货都可

⊖ 在本书中，订单下达可以理解为订单计划的同义词——设置数量和到期日。

能成为约束条件。逻辑是这样的,在一段时间内计划的短缺和导致这种短缺的计划收货之间的一对多联系可以被明确地建立,此功能称为反向追溯,它是面向上游的,相当于 MRP-Ⅰ 中的经典(正向)追溯,它将消息中的上游重新安排并链接到主生产计划需求。

如上所述,该项目带来了可观的额外利润,此项目的投资回收期为半年,这表明飞利浦半导体公司的需求变化曲线能够更快地上下波动(快速响应市场需求变化),以造福于自身和客户。

2.3 MRP 的缺陷

正如前文所讨论的,APS 的兴起部分归因于 ERP 系统的广泛实施。由于 MRP-Ⅰ 的计划逻辑存在严重缺陷,因此从 ERP 的计划缺陷的角度来看,APS 的应用是非常有用的。这并不是说实施 APS 系统的唯一原因是 ERP 缺乏计划支持,一些组织从未打算将 ERP 作为一种专业的计划工具,并且有许多组织没有标准的 ERP 软件。

在 APS 实施的背景下提出 MRP 的缺陷时,我们必须意识到 MRP 具有专业背景,这意味着该框架在很大程度上是通过实践中的反复试验构建的。因此可以说,经过大约 50 年的经验试验,MRP-Ⅱ 框架是有效的。但是,还应该注意到,实施了计划模块的 ERP 系统的存在并不意味着 MRP-Ⅱ 实际上可应用了。在许多情况下,MRP 没有应用于任何计划,或仅运行于少数 BOM 层级及用于生成采购申请。MRP 的计划建议经常会被人工计划的结果忽略和覆盖(Fransoo 和 Wiers,2008 年)。在任何具有多个 BOM 层级、能力限制和具有挑战性的交付周期环境中,处理 MRP 的结果将需要比简单地放弃技术从头开始创建计划付出更多的努力。

在本节中,我们将讨论 MRP 的一些基本缺陷,这些缺陷导致了对 APS 的需求。其中一些缺陷是众所周知的,例如产能计划,但有些同样严重的缺陷似乎没有被很好地认识到。

2.3.1 计划资源和物料可用性

根据 De Kok 和 Fransoo（2003 年）的定义，MRP 可被视为一种执行供应链运营计划（SCOP）的方法。SCOP 概念是基于 Bertrand 等（1990 年）开发的生产和库存控制框架。主要区别在于，物料协调和资源计划的功能不是先验的独立功能，而是 SCOP 功能的一部分。这意味着 SCOP 函数可以由多个决策函数组成，但也可以是单个决策函数。

SCOP 决策函数由其输出定义：它决定向其协调的供应链中的所有生产单元发布生产订单（有关生产单元概念的描述参见第 3.2 节）。生产单元（PU）必须在截止日期或截止日期之前完成发布的订单，SCOP 功能确保发布的所有订单在物料和资源上都是可行的，因此 PU 只需要关心具体的排程。隐含的假设是 SCOP 功能可以检查物料和资源的可用性，而无须生成详细的排程。SCOP 功能通常假定决策是周期性（例如，每天、每周或每月）做出的，资源可用性可以为每个时段的容量建模，并且 PU 遵守 SCOP 功能假设的（计划的）提前期。

有以下假设：

1）生产单元 100% 保证（接近）截止期的可靠性。

2）资源可用性可以表示为每个时段的可用时间，并在用于生成 SCOP 解的数学模型中明确表示为约束。

3）物料可用性在用于生成 SCOP 解决方案的数学模型中明确表示为一个约束条件，其中可以推导出通用的 SCOP 模型公式（见附录），它满足所有相关的约束条件，使 PU 控制能够实现接近 100% 的截止期可靠性。De Kok 等人可以找到这一事实的证据（2005 年）以及各种实证研究（参见 De Kok，2015 年）。

在这一点上，值得注意的是，在实践中使用的最常见的 SCOP 函数，即 MRP-Ⅰ，不满足假设 2 和假设 3，因此，假设 1 也不满足。这一事实的后果不可低估，这意味着 MRP-Ⅰ 逻辑导致不可行的计划，这些不可行性有两个本质上不同的特征：

1）重新安排相关已经发布的订单信息，即计划收货。

2）为满足安全库存目标而立即下达订单导致库存为负的异常信息。

第1种不可行之处是违反提前期假设。在这种情况下，重新安排计划信息提醒计划员注意计划提前期假设的不良后果是：提前期内的计划短缺。计划员可以通过检查是否可以重新安排已发布的订单来真正增加价值，从而解决计划的短缺问题。这是计划员和计划系统之间相互作用的典型示例，其中计划员可以识别超出计划系统逻辑范围的灵活性选项。我们在第7.3和7.4节中进一步阐述了这种相互作用。

第2种不可行之处是违反物料可用性约束。这是一个非常严重的问题，因为尚不清楚是否可以解决此物料的可用性问题，而启动MRP-Ⅰ逻辑的主生产计划（MPS）假定它可以解决。实际上，导致现有负库存的计划订单会在第1时期（即子项目的提前期内的即时需求、总需求）传播到上游的子物料，这很有可能使物料无法立即满足需求。因此，需要减少所发布的即时计划订单，以尊重物料可用性约束，从而需要调整父物料的订单发布，并可能推进下游计划，直到MPS本身。因此，此类型的不可行性作为不可行的需求在上游和下游之间传播，因为它们影响由MRP-Ⅰ逻辑提出的即时订单发布。必须手动执行必要的计划修改，并且需要与车间进行广泛地沟通，因为所有这些修改都与立即采取的行动有关。这就解释了在将许多组件组装成多个项目的公司中，为何有大量的物料计划员和催货员。

上述推理强调了在APS中实施计划逻辑的重要性，该逻辑考虑了物料可用性约束：违反物料约束会在上游和下游之间传播，而且需要大量的人工和沟通。类似的论点中尽管没有像MRP-Ⅰ这样的基准逻辑，但也适用于违反能力约束。如上所述，违反能力约束和物料可用性约束之间的主要区别在于，物料可用性约束涉及对已发布的即时订单的具体约束，而违反能力约束与在未来可能违反发布订单的截止时间有关。可以通过采取适当的行动来防止未来的违规行为，例如，加班、替代路线和重新分配劳动力。此外,资源约束通常是聚合约束,因为资源需要处理多个不同的订单。这导致了投资组合效应,即资源需求的波动性低于物料需求的波动性。

基于这一推理,De Kok 和 Fransoo(2003 年)为 SCOP 规划问题制订了必要条件(参见上述条件),这也适用于 APS 设计:

1)所有发布的订单必须在截止日期前完成。
2)所有发布的订单必须具有资源可行性。
3)所有发布的订单必须具有物料可行性。

我们在附录中提出,这些必要条件可以用数学术语表达,存在多种数学模型公式,在 APS 系统的背景下最重要的一类公式是所谓的数学规划公式。这意味着我们制订了一个(混合整数)线性规划(MIP,LP),它包括了一个最小化或最大化的目标函数,以上面提到的三个 SCOP 约束及(计划的)订单发布量作为决策变量。数学规划的输入包括预定的收据(即在制品,WIP)、库存和销售计划,或者 MPS。在每个计划阶段,都会求解数学程序,并且随着时间的推移,生成的订单发布计划将提交给计划员,计划员可以接受该计划或在必要时对其进行修改。由此产生的第 1 期订单发布实际上已经是发布状态,需要对其物料进行索要,并且可以由生产单元来执行。

在科学文献中,有许多使用数学规划的生产计划问题公式,可以追溯到 20 世纪 50 年代初。De Kok 和 Fransoo(2003 年)提出的 SCOP 问题的公式与大多数这些问题公式不同,因为它是从本节前面给出的概念中推导出来的。特别是由上面给出的三个必要条件得到一个包括(计划的)提前期和资源约束的公式。大多数生产计划公式都认为提前期是内生的,是资源约束的结果,因此订单的执行被推迟。然而,订单发布和订单完成之间的延迟超过单一计划时期的主要原因是计划需求与实际需求之间、计划生产与实际生产之间,以及计划物料供应与实际物料供应之间的差异。另外,请参阅上面的概念性考虑,这些差异在更新系统状态后会显现出来,为了对这些差异进行建模，我们需要将不确定性的后果纳入所设计的数学模型中，即订单等待时间和库存。

2.3.2 分配和同步

我们将通过一个程式化的案例来说明 MRP 在分配和同步方面的问题，我们在研究生和高级管理人员的教学课堂上都使用了这个案例。该案例旨在讨论从单级、单品库存管理转向多级、多品库存管理时出现的有关分配和同步的概念。程式化的案例定义如下：

最终产品 1 由两个部件组装而成，装配前置时间是 1 周，部件 2 的交付周期为 3 周，部件 3 的交付周期为 5 周。第 9 周初，产品 1、产品 2 和产品 3 的库存分别为 300、50 和 50。产品 1、产品 2 和产品 3 的安全库存分别为 200、50 和 50，没有批量限制，所有产品的每个相关未来期间的预定收据为 100。具体情况描述如下，最终产品 1 的需求是稳定的，平均值为 100。假设第 9 周和第 10 周的需求和等于 300，这意味着在第 9 周和第 10 周开始时，我们预测需求量为 100，而实际需求量为 300。假设系统是由 MRP-Ⅰ 逻辑控制的（见图 2.3）。

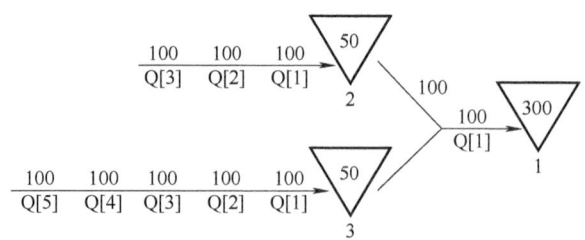

图 2.3 MRP-Ⅰ 案例供应链模型

意料之外的高需求造成了供需平衡的问题，MRP-Ⅰ 逻辑是逐项的逻辑，从目标安全库存中派生其需求。由于系统在第 9 周开始时完全平衡，期末库存等于目标安全库存，因此需求量为 300 的实际需求立即触发了对所有部件需求量为 300 的净需求，因为安全库存必须在交付周期之后的一段时间内补充。

这一点在生成所有订单后的第 10 周开始时在表 2.2 所示的 MRP-I 表格中显示（注意，MRP-I 表格是按照产品给出的，并且通常无法向多个产品的计划员提供概述）。该表格显示了提前期内产品 2 和产品 3 的负库存，而产品 1（MPS 产品）显示预计不会因客户需求而缺货，因为安全库存在第 11 周结束时得到了补充。

表 2.2 MRP-I 表格

		时间										
		10	11	12	13	14	15	16	17	18	19	20	21
项目 1													
总需求		100	100	100	100	100	100	100	100	100	100	100	100
预期入库量		100											
现有库存量	0	0	200	200	200	200	200	200	200	200	200	200	200
净需求			300	100	100	100	100	100	100	100	100	100	100
计划订单收货量			300	100	100	100	100	100	100	100	100	100	100
计划订单发放量	MPS	300	100	100	100	100	100	100	100	100	100	100	100
项目 2													
时间		10	11	12	13	14	15	16	17	18	19	20	21
总需求		300	100	100	100	100	100	100	100	100	100	100	100
预期入库量		100	100	100									
现有库存量	50	−150	−150	−150	50	50	50	50	50	50	50	50	50
净需求					300	100	100	100	100	100	100	100	100
计划订单收货量					300	100	100	100	100	100	100	100	100
计划订单发放量		300	100	100	100	100	100	100	100	100	100		
项目 3													
时间		10	11	12	13	14	15	16	17	18	19	20	21
总需求		300	100	100	100	100	100	100	100	100	100	100	100
预期入库量		100	100	100	100	100							
现有库存量	50	−150	−150	−150	−150	−150	50	50	50	50	50	50	50
净需求							300	100	100	100	100	100	100
计划订单收货量							300	100	100	100	100	100	100
计划订单发放量		300	100	100	100	100	100	100					

然而，MRP-Ⅰ计划是不可行的：

1）产品 2 和产品 3 的负库存表示第 10 周不可能有 300 个订单。根据产品 2 和产品 3 的数量为 50 的可用库存，以及在第 9 周结束时预计收到 100 个订单，得出最多可以发布 150 个订单，对于这个显而易见的事实的修正留给计划员进行决定。

2）此外，产品 2 的 300 个订单提前了两周，因为产品 3 在与产品 2 的 300 个订单同时接收库存，可接受量为 100 个。后者表明 MRP-Ⅰ逻辑没有同步相同父产品的产品订单发布。

前者表明，MRP-Ⅰ逻辑不考虑子产品的物料可用性，这应该是任何计划逻辑的基础。考虑子产品物料可用性，称之为分配。请注意，在一般情况下，某个产品可能包含多个父产品，这意味着如果项目的物料可用性不足以满足其总需求，则必须在这些父项目之间分配材料可用性。

很难理解这种现象，即由 MRP-Ⅰ逻辑产生的计划是不可行的，但这种现象在过去 50 年的 MRP-Ⅰ理论和实践中并未成为主题，我们不能低估为确保物料可用性的订单发布的重要性。

上面的程式化示例显示了可能由 APS 支持的计划员需要纠正这些不可行性，现实生活中的系统产生了无数这样的不可行性，在大多数情况下，计划员无法纠正它们，这导致出现了实时供需平衡功能的催货员。催货员评估实时物料可用性并将其转化为生产计划。正如我们在实践中所观察到的那样，由于 MPS 在物料上不可行，因此实际生产与短期计划生产不同，可能会产生客户服务问题。虽然催货员的创造性值得认可，因为将子产品的可用性转化为生产计划绝非易事，她/他创造了一个持续性同型装配的过程。在复杂的装配环境中，这是同时具有高库存和低客户服务的根本原因。

现在应该清楚的是，APS 系统是一种实现满足上述三个约束计划逻辑的方法。如今，建模支持和解决方案引擎允许这样做。例如，通过线性规划（LP）替换 MRP-Ⅰ逻辑来计划（关键）产品订单将是一个良好的开端，因为 LP 实际上是任何 APS 套件中解决方案引擎的一部分，但这似乎不是常见的做法。APS 系统通常用于做粗略的产能计划、MPS 和车间排程，而 S&OP 级别以下的物料计划就主要留给 MRP-Ⅰ，因为假设 MRP-Ⅰ足以进行物料计划。我们认为，在过去 20 年中，这是 APS 系统实施方面的一个严重问题。

2.3.3 能力计划

诸如能力需求计划（CRP）或粗能力计划（RCCP）等技术被添加到 MRP-Ⅰ以创建 MRP-Ⅱ，这意味着能力计划是 MRP-Ⅱ框架的一部分。Wortmann 等（1996 年）概述了 ERP 系统中的能力计划技术。然而，这些技术只能显示潜在的能力问题，不能为解决这些问题提供真正的支持。此外，只有 CRP 被描述为一种形式化算法，在实践中很难使用。RCCP 以黑匣子的形式描述其输入和输出，但用于计划的确切方法取决于具体情况，并且通常不在 ERP 系统中实施。

可以得出的结论是，在标准的 MRP-Ⅱ框架中，没有解决能力问题的能力规划，而是根据对物料的需求来确定能力。MRP-Ⅱ中缺乏能力规划意味着物料处于领先地位，此时假设交货时间稳定且固定，并且可以使用物料清单指定物料结构。MRP-Ⅱ控制结构假设车间在每个时期都有固定的工作量，这些工作将在物料计划设定的范围内进行。这意味着，基于 MRP-Ⅱ的计划可以在生产系统中应用，且不会出现大问题，同时不存在显著的能力和材料限制，例如可以在装配系统中轻易地添加班次和物料库存。然而，大多数制造业和系统的其他价值链将无法使用 MRP-Ⅱ制订可行的计划。

2.3.4 案例 APS-CP

由于创新性和激烈竞争，高容量电子产品（HVE）供应链面临着高度的需求波动。生产过程的生产能力和时间是不确定的，因为过程操作在他们的技术边缘。这意味着所制订的订单发布计划必须与实际相一致，除了通过滚动计划所带来的定期更新之外，大多数规划系统（例如，基于 MRP 或基于 LP）没有明确地考虑不确定性。De Kok 和 Visschers（1999 年）提出了一种多品、多级（MIME）库存系统的控制策略，该策略源自于随机需求下不同 MIME 系统的最优控制策略。后来 De Kok 和 Fransoo（2003 年）将此政策表示为同步基础库存（SBS）策略。研究表明，在需求不确定的情况下，SBS 策略优于基于 LP 的滚动计划策略。SBS 策略的一个重要特征是，它们以与 MRP-Ⅰ逻辑相同的计算复杂度来确定实际可行的订单发布，后一种逻辑并不能保证物料可行的订单发布。在 HVE 供应链中，需求和流程波动导致 MRP-Ⅰ逻辑下的大量物料不可行，但如果供应链中的后续环节未协调，则每个环节都会在不考虑上游材料可用性的情况下确定其供应商的采购订单。

MRP-Ⅰ支持的流程由供应链中各个环节的众多物料计划员执行，他们不知道他们的行为对其他物料计划员重新安排优先级的影响。通常情况下，需要进行非正式沟通来重新协调行动的安排，而 MRP-Ⅰ系统不支持这种重新调整。由于在上游产品的累计提前期内（从订单发布时间到 MPS 项目完成时间测量）MPS 的变化会在上游引发所谓的 MRP "爆发"，从而在供应链的每个层级和每个上游产品中重新生成计划信息，因此需要大量的物料计划员来处理 MRP 爆发过程生成的需求，而不是计划订单发布。

2.4 组织准备

并非所有公司都准备使用 APS，APS 首字母缩略词中的 A 表明它是一种先进的工具，它依赖于基本的系统和流程，并且运行良好。下面我们将讨论使用 APS 的业务准备的四个主要要素。这些要素包括愿景、智慧、数据和可预测性。

2.4.1 愿景

APS 的应用应成为提高业务绩效战略的一部分,由于 APS 实施需要做出许多设计决策,因此需要一个方向来指导重大决策。在进行变更管理以获得 APS 的使用及接受 APS 的结果时,公司必须清楚 APS 带来的长期价值。此外,支持 APS 的愿景应与公司战略的其他要素保持一致。例如,在引入 APS 的同时将所有计划活动外包是没有意义的;愿景要素冲突的另一个例子是在车间和 APS 中引入自主团队,以便同时进行排程。

APS 不仅支持现有流程,还有助于流程重组。正如第 3 章中关于决策层级中的内容所明确的那样,生产控制的结构应该与 APS 的引入一起(重新)设计。这意味着公司必须对未来的生产控制治理有一个愿景:在未来情况中定义哪些层级,谁将运营这些层级,它们将如何互动?

APS 可以使组织问题更加明确,因为它们必须以特定方式进行配置。要求在 APS 中对解耦点结构建模的 APS 顾问经常面临这样一个事实,即这种结构并不完全清楚。这适用于许多其他流程,例如检查销售配额、确定谁负责寄售库存(销售、物流、生产)、确定如何平衡交付绩效(客户视图)和生产量(生产视图)、决定物流是否应该运输所生产的产品或生产是否应该满足运输计划等。

2.4.2 智慧

只有当公司内部有足够的资源、了解 APS 的工作原理、了解 APS 如何定制以及如何使用 APS 时,才能成功实施像 APS 这样的复杂解决方案。换句话说,公司必须有足够的智慧来支持方案的实施并推动其持续改进(见第 8 章)。顾问也会支持这些活动,但他们会在某个时候离开,比如当项目结束时,或当预算被消耗掉时,因此公司也应有更持久的人力资源。

Kjellsdotter Ivert(2012 年)广泛研究了使用 APS 系统来支持制造和控制的过程,这与 Zoryk-Schalla 等(2004 年)的观点相符。作者得出结论,

APS系统比ERP系统更复杂，并且需要熟练的用户和顾问来实现APS的成功。换句话说，APS系统不仅在实施过程中需要智慧，在实际使用过程中也需要智慧。更好的是这种"智慧"是公司的长期员工的一部分，而不是由APS供应商专门提供。我们并不认为公司应该能够开发自己的APS模型（尽管这对于APS工作量很大的大公司来说可能是一种经济高效的选择），但现场使用的支持、参数更新及APS特定数据的维护和知识的提供应由专业人员进行。我们相信一个公司通过其人力资源应该能够理解它用来执行操作的工具，这是一项基本原则。

支持APS实施所需的人力资源应该具有工业工程、运筹学、数学、计量经济学和信息学等领域的学位。这些人员可能没有太多的工作经验，但他们在参与APS项目时将获得足够的工作培训，简而言之，他们应该聪明且对概念性难题感兴趣，并渴望学习。

我们认为，一旦APS系统运行起来，用户对系统的关键理解就是其输入输出行为，APS系统应提出计划员能够理解的解决方案，并可通过GUI进行操作。如何产生解决方案是公司内部专家的关注点，用户代表们应与这些专家保持密切联系，以确保APS系统为响应其环境的变化而进行改进时，能够保持对所需的输入输出的正确理解。

2.4.3 数据

数据质量对APS的成功实施至关重要，它有助于建立一个相对现代的ERP，但即使是这样，公司也会经常发现APS要求的数据质量高于ERP。例如，当ERP中的订单由于被销售人员用作某种模板订单而未关闭时，这会严重干扰APS中的订单计划。在瑞典计划员和排程员协会举办的研讨会期间（McKay和Wiers，2004年），引入了以下声明来评估APS的准备情况：

1）您和其他人很少抱怨用于监控和跟踪执行的计算机系统中数据的准确性和完整性。

2）您信任该系统，几乎从不交叉检查，也几乎从不验证生产物料清单、工艺路线和过程描述。

当这些陈述在特定情况下是正确的时候，APS 可以使用系统数据来创建计划。对于一些公司来说，向 APS 提供数据只是意味着创建一个与 ERP 的接口，然而，这也可能意味着需要获取或构建中间件，从而将不同位置的不同遗留系统捆绑起来。从组织的角度来看，它加强了业务和信息技术（IT）部门之间的联系，因为 APS 通常是交互式开发的，并且用户和开发人员之间存在密切的沟通闭环，虽然大部分开发工作都是由 APS 供应商完成的，但公司的 IT 部门也必须解决许多问题。

在过去十年中，我们从与公司的研究员一起开展的几个项目中发现，构建端到端的供应链优化模型表明，数据必须从多个来源汇集在一起。创建的集成视图显示数据存在不一致，决策不符合战术业务参数，例如批量和安全库存。在实施 S&OP 系统支持和实施端到端的运营计划解决方案方面也有类似的经验报告：接入点系统的实施表明，主数据、运营数据和所做的决策可能不一致，运行接入点需要进行广泛的数据清洗。显然，即使没有集成和数据完整性，将人工决策者的独立解决方案组合在一起也可以工作，在考虑设计和实施 APS 系统时，这一点应该被考虑到。

2.4.4 可预测性

以下是生产控制中的一个实际规律：没有可预测性的计划是无效的，当没有可预测性时，使用 APS 进行计划也没有什么不同。当情况无法被预测时，应首先采取措施来提高可预测性，从而提高生产系统的可控性。在上一节提到的研讨会中，引入了以下声明来评估 APS 的准备情况：

1）一天中的大部分时间实际上是为未来做计划和安排的，而不是对今天发生的事情做出反应和决定。

2）很少需要改变短期计划的序列或决策（例如，不是在做 ABC 之后接下来做 DEF）。

3) 同样的问题或情况很少重演。

4) 一天的开始几乎不会由救急工作或紧急调度决策组成。

5) 决策任务可以不间断地启动和完成(例如,开发序列、重新排序等)。

计划员越是认同上述适用于其特定情况的声明,就越表明已经为 APS 系统的执行做好准备。

不过,APS 有一些办法处理不确定性:首先,尽可能快地提供重新计划或重新排程。其次,使用随机模型而不是确定性模型(不确定性的问题将在第 3 章中讨论)。在实践中,不确定性通常导致需要重新计划和安排,当制订计划所需的时间和成本与计划实现的收益不匹配时,APS 很有可能被终止。

2.5 可能存在冲突

APS 与精益等其他生产方法之间的关系可能很复杂:在某些方面,它们相互补充(例如,APS 受益于由精益方法获得的结果);另一方面,一些精益专家提倡不应该存在使用 APS 进行详细排程的需要。他们认为 APS 系统"复杂"和"集中",而生产控制(在较低层次)应该"简单"和"分散"。这种争议似乎主要存在于 APS 用于排程时,而在较高的控制水平层面则应用较少。

描述集中式 APS 方法与精益制造之间的潜在冲突会带来风险。我们不是精益制造方面的专家,精益专家可能批评我们对精益方法的描述过于简单。我们的目标不是证明使用 APS 总是优于其他方法,相反,我们打算提供一套标准来决定特定情况下的最佳方法。

2.5.1 集中控制与分散控制

局部和中央控制之间、精益控制与基于 APS 的排程之间的平衡,类似于传统生产控制文献(运筹学、管理科学、运营管理)和社会技术文献之间的争议。在传统的生产控制文献中，通常只选择优化系统的标准，忽略人的因素。这导致了这样的观点，即尽可能地将决策集中在一起，因为这会产生最高的优化潜力。另一方面，社会技术范式认为尽可能多的自主权应该被分配到最低层级，即生产单元，因为人类能够更好、更快地解决在此层面上发生的操作问题。此外，这种方法被认为可以激励员工，因为可以影响他们的日常工作。

为什么我们需要 APS 进行详细的排程？我们是否应该为车间分配足够的自主权以便在本地解决问题？将自主权分配到较低层级并且不规定计划或排程有不同的理由：

1）费用。在当地采取的决策不需要更高层次的人力资源和 APS。

2）速度。当操作员具备相应的技能时，可以在车间更快地识别和解决问题。当问题需要升级时，这将需要更多时间。

3）理念。公司的理念是尽可能地分散决策，将自我指导团队与工作负荷控制（WLC）相结合，使用社会技术方法，并将精益制造应用于准时制原则和看板。

4）抵触。部门或车间可能会被给予一些自主权，而没有自主权的员工则会产生抵触和挫败感。

抵触可能是将自主权分散的最不合理的理由，因为这是人们习惯的，但从来没有人评价过它相对于其他方法的优点。当需要时，可以通过变更管理、较高和较低计划层级之间的良好沟通来克服抵触，并且表明 APS 生成的计划和排程确实比原来的更好。在这种情况下，管理层必须给出明确的信息，说明应该如何创建计划和排程，首选方式是什么，以及这对公司整体有何益处。

要确定是否可以将自主权分配到较低层级，应评估以下条件：

1）问题可以在当地解决。这取决于运营商的能力和物理链的特征。

2）解决方案具有局部影响力。这意味着局部解决问题不会产生横向（上游或下游）或纵向（上层或下层）的不利影响。

例如，当有问题的订单可以轻松推送到其他资源进行检查和返工时，这可能是解决质量问题的便捷途径。但是，这种无法在本地解决问题的情况可能是由以下原因导致的：技术员没有足够的知识和技能，或者没有对其向上游或向下游的决策影响进行统筹考虑。在高度自动化的生产系统中，以孤立的方式进行小的改变可能是困难的。

Wiers（1997 年）提出的将自主权分配给车间的类型见表 2.3。

表 2.3 自主权分配的类型

可能的自主权		需要分散式决策	
		否	是
	否	平稳型车间优化	压力型车间支持反应式决策
	是	社会型车间根据建议细化计划	社会技术型车间的里程碑计划

传统生产单位的名称意味着计划者和执行者之间存在某种自主权，如表 2.3 所示：

1）在平稳型车间中，执行过程中几乎没有不确定性，因此几乎不需要进行本地人工干预并解决问题。平稳型车间为 APS 系统提供了最好的保证。

2）在社会型车间中，执行的不确定性也不大；但是，员工可以做出详细的工作安排决策。处理此问题的一种可能的方法是为执行提供基本计划，并允许他们调整最终工作任务顺序。APS 系统可能会提出尽量详细的计划或排程表，但不太可能被完全遵循。

3）在压力型车间中，由于执行中的干扰，需要经常修改计划或排程表。APS 系统可以支持对计划或对排程进行更改，并快速接收和处理执行的反馈。

4）在社会技术型车间中，执行存在很大的不确定性，问题界定不明确。在这种情况下，不可能预先将必要的灵活性嵌入系统中，以便识别或解决精确的问题。计划和排程表不再被视为必须严格遵守的详细工作指南，而更多地被视为更高级别的里程碑计划。一个典型的错误是用一个

APS 系统来创建详细的计划,而在执行过程中忽略了这些计划,这种忽略通常是有充分理由的。

对于运营商而言,当车间层需要遵守的规则过于复杂时,精益倡导者可能会争辩说,主要关注点应该是消除这些复杂性。精益的目标是创造一个可以在本地控制的简单环境。我们完全支持保持简单化(KIS)的努力,但我们也应该意识到,对于某些生产系统,一些复杂性将会保持很长时间,因为这是当前所采用的技术所固有的。相反,精益管理未达到预期的简化水平似乎是在应用中更加精益了,同样的,我们也同意改善,绝不应该接受不理想的现状,然而,与此同时,复杂性需要得到充分的管理,这可能是公司生命周期中的大部分时间。

2.5.2 工作量控制

在计划任务的层级中,某特定层级的任务是需要考察下面层级现状的,当计划发布到下层时,应该考虑它的可实施性。大多数生产控制概念是假定下面层级任务有固定的提前期,这与 MRP 的逻辑类似。保持交货期稳定的一种常见方法是工作量控制概念(Bertrand,1983 年)。工作量控制的概念通常用于保持生产单元中的提前期不变,如图 2.4 所示。

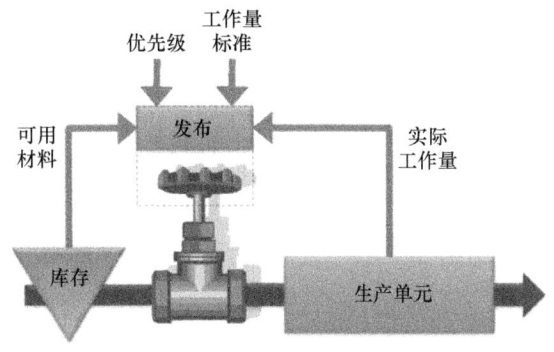

图 2.4 工作量控制

这个概念的基本原则是,生产单元中恒定的工作量有着恒定的提前期，再根据 MRP 逻辑进行物料计划。但在实践中，工作量控制的概念难以实施有以下 4 个原因：

1）未发布的工作在预缓冲区中等待，等待时间应添加到生产单元的提前期中。因此，当工作在预缓冲区时，等待时间是变化的，生产单元的提前期也不再固定，通过更改交付日期来推进工作，这基本上将预缓冲的问题转移到了客户身上。

2）工作量控制的概念是假设生产单元中的工作量能够用数字表示。然而，当生产单元可以执行多种类型的操作（这是常见的），并以不同的路径发布给生产单元的工作时，就没有数字化的工作量作为发布决策的基础。当单元中存在不能直接与特定操作关联的工作，并且生产需要多种类型的资源（员工、机器）时，这就变得更加复杂。

3）即使在工作量稳定且生产单元中只有一种操作时，由于批处理的原因，提前期也可能不稳定。当生产单元需要较长的生产准备时间时，在准备时间内可能会有新产品的需求产生，而此时订单产生的产品必须等待下一批再进行生产。

4）工作量控制的概念是假设一个项目的所有起始物料都是可用的，但事实上，工作量很大程度上是受物料可用性驱动的。

当生产单元内的产能可以用相对简单的术语来定义，或者没有更好的替代方案时（例如没有良好的反馈循环），应用工作量控制和标准化的提前期是很好的选择。这种方法的好处在于它的简单性，因为它允许进行分散风险的决策。

然而，从 APS 的角度来看，可以动态地确定订单操作的提前期，将其反馈到更高的控制层级，并基于此接受订单。这意味着 APS 系统中支持的生产单元控制与通常生产控制概念提倡的完全不同，通常生产控制概念的生产单元控制依赖于工作量控制。

2.5.3 自治协议：谁来决策？

在应用 APS 系统制订计划的公司中，决策是从车间转移到新的 APS 系统。换言之，车间的自主权减少了。因此，对于可以在车间执行的计划任务，可能会与操作员产生分歧，因为他们通常不愿意将决策移交给更高控制层级。当在自主层级上存在分歧时，很难与实际执行的 APS 一起创建计划，这意味着，APS 的成功执行取决于关于自主分工的协议，当对谁进行决策存在分歧时，就很难改进排程规则或 APS 模型，这一事实进一步放大了这一点。

在 APS 开始实施之前，公司必须使 APS 系统计划的内容与本地车间计划的内容达成一致。虽然我们在上一节就已在这方面进行讲解，但并无固定的规则，具体的自主划分应该是各部门共同达成协议的结果，该结果将为 APS 的实现设定正确范围，否则 APS 可能是多余的或者失败的。

2.5.4 产品混合计划与订单计划

与存在于较低控制层级（即排程）上的不同范例类似，范例还提供了较高计划层级上的不同方法。在按订单进行计划的环境中，APS 独立地进行订单计划，以便较低的控制层级能够获得有关何时开始和结束（部分）订单操作的详细说明。订单的实际处理时间将比计划设定的时间短，因此较低的控制层级有一定程度的自由度。

采用"精益思想"原则的公司，会采用一种不太精确的方法进行计划。这类公司力求在规定的时间内保持稳定的产品组合，以计划机制的作用为例：

1）在一段时间内，按"标准与操作规程"规定，可生产和销售 20% 的 A 类产品、40% 的 B 类产品和 40% 的 C 类产品。

2）根据每个产品组的标准提前期接受订单。

3）在"标准与操作规程"中的产品组合，物料被分配到生产系统中。

4）每个生产单位生产各个周期的批量基于"标准与操作规程"的产品组合。

5）在每个生产步骤之后，审查物料分配。

6）当订单输入时，它们会在最下游的分离点产生需求拉力。这种需求拉力向上传递到客户订单分离点。

当下列假设成立时，这种计划方法可能很有效：

1）其理念是，当上游开始正确的物料组合时，随后的每一个流程都会"拉动"正确的物料，最终结果是订单可以及时交付。然而，这种方法忽略了 A 类、B 类和 C 类具体订单中的差异。一个类别内的交货时间和能力需求可能不同，并且可能存在影响可用能力的积压订单。

2）这种规划方法依赖于相对稳定的产品组合。生产能力检查是基于每个周期生产的固定产品组合，并且没有 APS 支持的详细订单计划。当实际销售与预期不同时，比如当得到了 25% 的 A 类产品订单、30% 的 B 类产品订单和 45% 的 C 类产品订单时，公司可能没有足够的能力来满足需求。

因此，在组合波动和大量产能需求不同的情况下（除了在 2.1 节提到的标准外），我们主张使用 APS 系统进行订单规划。当组合稳定时，生产系统非常灵活，客户订单分离点相对于下游，拉动机制的成功概率很大，不需要 APS 进行详细的订单规划。根据"标准与操作规程"，用于产品组合计划的 APS 可以提供每个周期要生产的量，然后使用拉动机制和宽松的排程来执行。但是我们认为在这种情况下，应用订单计划的 APS 仍是可行的选择。

另一种可用 APS 的标准是，在分散的生产控制模型中，集中层级很难精确地监控下面层级正在发生的事情。

2.6　APS 的成功与失败

正如本章前几节所述，APS 系统的潜在收益期望值是巨大的。专业期刊和供应商网站通常跳过失败，展示 APS 成功实施的案例。APS 软件供应商对仅安装 APS 就可以实现的巨大节约抱有很高的期望，它们以此说服更多的公司购买他们的软件。

对于那些有兴趣使用 APS 的公司来说，让他们感到困难的是，在某些情况下，的确实现了大量节省。然而，在大多数情况下，APS 需要很长时间才能实现作为计划实践的改进工具。同样经常发生的是，当软件处于"活动"状态时，随着该项目团队被解散并分配给其他项目，APS 会失去重点，深入的知识分散在组织中，技能较低的专业人员必须使用一个他们没有参与过开发的系统，这意味着许多公司都在努力使用他们的 APS 系统。作为持续改进工作的一部分，APS 系统所面临的挑战与 ERP 系统相似（Markus 和 Tanis，2000 年）。由于 APS 的复杂性，计划员学习如何使用它进行工作是一个将要面临的更大挑战。这将在第 8 章中进行更详细地讨论。

在实践中，当项目组交付给计划员使用并运行的一个 APS 系统，可以从外部系统接收并发送数据，并能发现一些可改进之处，这种实施可被认为是成功的。但是当 APS 系统不能明显增加业务业绩时，就会有被叫停的风险，特别是当企业忘记了所付出的努力和花费的金钱时，APS 就会被终止。从这个意义上讲，APS 系统不同于 ERP 系统：许多公司能够在没有 APS 的情况下完成计划任务，并且计划员更渴望清除历史记录的计划表格。还有可能发生的是，生产控制管理的愿景发生改变，生产控制变更和复杂排程的任务下放给车间。当 APS 产生的业绩增加值不明确时，对 APS 使用的任何更改都是没有竞争力的。

在这本书中，APS 成功的实施并不仅仅是对它的简单使用：

1）APS 必须在改善计划或计划的价值链运作特性方面，发挥明确和可验证的作用。

2）必须确定与 APS 中生成的计划和排程相关的明确目标。

3）公司必须衡量和评估这些目标，分析业绩不佳的原因，并使用 APS 进行改进。

4）APS 的结果必须是在较低的计划层级或主要流程上可以实施并采用的。

简而言之，成功的 APS 定义如下：计划员可以使用 APS 创建一个比以前更好的计划。如果不使用 APS，项目显然是失败的。这包括仅将 APS 用于其他目的（如生成报告）的情况。因为在这种情况下，是没有使用 APS 的核心功能的。当计划员使用了 APS，但计划业绩没有改善时，APS 也是没有成功的。

第 3 章

决策层级结构

3.1 层级结构和复杂性

3.1.1 决策层级结构

APS 通常是用于提高供应链性能的要素，当计划执行时，使用 APS 创建的计划与运营绩效之间应存在对应关系。APS 顾问需要知道哪些性能指标必须改进，以确保 APS 能正确发挥作用。此外，需要创建以下控制循环：

1）设定要实现的性能目标。
2）将这些目标转化为 APS 系统的参数。
3）使用 APS 系统。
4）执行指定的任务。
5）对实际绩效的衡量应保持一致。

因此，除非目标的假定是无效的，否则应完成设定的控制循环。在使用 APS 系统时，创建一致性的控制循环绝非易事，在后续文章中将进行进一步解释。

在 APS 系统的设计中，组织内部决策层级结构是在战略、战术和操作层级支持供需平衡的关键。但供需平衡问题显然更多地由组织外部的制造和服务机构决定。然而，在所有情况下，我们都可以识别决策层级结构，它应该与组织层级结构相一致，组织层级结构转化为权力和责任。因此组织中负责供需平衡的分层分解意味着 APS 系统也需进行类似的分层分解。

3.1.2 节讨论在生产控制方面的不确定性及其影响。3.1.3 节讨论了处理复杂的实际计划和生产控制问题的一般原则。3.1.4 讨论了层级分解的原则，并在供需平衡问题的决策分解上提供了指导，对于每一个决策都会关联一个决策函数。因此在 APS 系统的概念设计方面，重点是"what"和"when"，不用去考虑"how"，这类似于"黑箱"。更准确地说，每个决策函数都是"黑箱"，需要定义"what"：输入变量、控制变量和输出变量；以及"when"：变量对应的相关时间戳。此概念设计以通用格式呈现，以确保所有的利益相关者之间可以准确沟通。

我们注意到，决策函数的"how"是由数学模型和工作流的组合来定义的。数学模型以计划或进度表的形式从输入和控制变量生成输出变量。工作流描述了人工决策者必须采取哪些步骤才能将建议转化为决策，因此，这可能包括不断迭代运行的 APS 系统，用不同的输入和控制变量求解与决策函数相关的数学模型。

在 3.2 节中讨论的生产控制框架可为分解提供指导。但这些框架要么层级太高，要么过于具体。在 3.3 节中讨论了从自然层级结构、通用计划和排程获得的参数，是否可以作为决策支持系统的外生输入，将它用于业务层面的决策。在战术层面，通过建模及相关权衡产生参数的软件工具是 APS 系统自身。在 3.4 节中我们讨论了计划员、数学模型和 APS 系统之间的相互作用。这种相互作用始于这样一种观察，即基于对现实的（数学）抽象的 APS 系统根本上无法获取所有可能的可行解决方案来解决手头的规划和排程问题。同时，由于计划员无法自己解决计划和排程问题的内在复杂性，因此需要使用 APS 系统，而计划员和 APS 系统需要相互作用，才能创造出有效的解决方案，我们提供了一个通用的工作流，利用了 APS 系统和计划员的互补功能。

我们假定读者熟悉由美国生产和库存控制协会（APICS）发展起来的

MRP-Ⅱ框架中定义的概念,这是我们表达概念和模型的基础。因此使用MRP-Ⅱ框架中的术语作为参考,但并不意味着是将 MRP-Ⅱ 框架作为供求平衡决策问题分层分解的基础也是完全正确的。

关于决策层级的讨论似乎集中在制造环境上,但 APS 的应用领域比这广泛得多。在 1.4 节中描述了已经实施 APS 系统的领域,包括生产实物商品的供应链、货物运输的供应链和与提供服务无关的价值链,例如人员排班。我们认为,虽然对生产控制层级和 MRP 的讨论是针对制造的,但随后提出的分解原则其实也适用于非制造环境,然而与非制造环境下规划和控制模型相关的文献似乎要少得多。

3.1.2 复杂性和不确定性

3.1.2.1 为什么不确定性很复杂

APS 系统支持在不确定性下的决策,同时考虑到先前所做的决策和设定的处理延迟和限制,因此在 APS 设计中,必须明确地考虑不确定性、延迟和约束。我们建立模型来描述在所面临的不确定性下决策、约束和目标之间的关系,下一步是设计、实现和使用决策者评估决策建议的算法。

这显现了决策制订的真正复杂性。事实上,我们发现大多数供需平衡的决策都会产生无法解决的数学模型,这主要是因为明确地考虑不确定性的数学模型会受到维度的惩罚。不确定性意味着需求、延迟、过程、产量等将会出现多种可能性。自然决策层级结构意味着,现在所做的决策必须以某种方式考虑到在以后做出其他决策时,那时对未来的了解要比今天所能知道得更多。因此,多重的未来实现意味着多重可能的未来决策。最终可以证明,描述未来相关实现可能的数量和做出相关可能决策数量的所需数据,随着问题规模呈指数增长,而问题大小通常由转换过程的数量、项目的数量和未来所考虑的周期数决定。

在考虑到相关不确定性的情况下,对于大多数实际问题,客观来说,决策问题的大小在任何可预见的未来都是禁止存储的!即使存储是可行的，但是仍有问题存在，如果一个算法存在并能够在合理的时间内产生一个可接受的解决方案，那么可用于产生可接受解决方案的时间取决于：

1）做决策的频率。

2）从决策到实际执行转换过程的时间。

显然，这两个方面的决策是相互关联的，但第 2 个方面往往被忽视。DeKok 和 Fransoo（2003 年）称其为效应提前期，是上述自然层级的组成部分之一。

因此认为所有计划和排程，最终都使用最先进的数学模型进行整合和实时排程是不切实际的。因为这一愿景忽视了由供求不确定和进程转型的拖延造成的根本影响。

我们在此注意到，上述对不确定性建模的限制必然导致大多数 APS 供应商以及在电子表格中创建计划的生产计划人员采用以下设计目标：

1）使用确定性模型对应用范围内的计划和排程问题进行建模。

2）使用优化方法求解产生结果的数学程序，完全不使用任何技术来生成计划或排程，并将结果留给用户。

3）使用滚动计划，即在每个决策时刻更新输入信息，只执行系统提出的需要立即执行的决策。

4）使用数据流集成的"独立"模块。

换言之，假设一切都是确定的，并根据需要经常重新计划，以应对不确定性。

本章关于功能设计的目的是为 APS 系统的功能设计提供依据和参考。无论 APS 系统是作为支持特定计划和排程功能的独立工具，还是在整个业务链上支持战略、战术和业务决策保持平衡的综合业务信息系统。

自然层级关系是在正确的时间做出正确的决策，而正确的时间是由所考虑的转变过程中固有延迟所决定的。在确定了时间安排后，就可以确定所必须考虑的不确定因素了。我们在决定搬运物料、将物料转化为最终产品、向客户运送产品时，必须考虑到需求和时间上的不确定性。随着时间推移，在某一时间点的决策对后来决策产生了约束，例如，在未来的一段时间内，购买多台机器来执行一个过程的决策意味着在未来的某个时期内可以获得最大量的处理能力。同理，通过创建订单计划，排程程序会在之后受到订单计划方式的约束。

3.1.2.2 详细排程和不确定性

详细的排程问题是按照时间顺序将工作分配给生产资源，以便能有效和及时地完成。①排程的复杂性取决于需要排程的作业数量、所涉及的资源数量和约束；②排程的作业数量根据排程范围而变化；③排程水平取决于典型作业的流程时间，以及为限制闲置能力需要尽早安排的作业数量，即提前拉动生产订单。除非客户提前订购，否则客户订单不能提前进行排程安排。实质上，如果某些仍在计划中的订单日期超出了计划期限，则该计划很可能不会完全执行，因为新订单是在所有计划的订单执行之前进行计划，排程员就是要处理排程任务中的这些不确定性。此外，处理时间、生产准备时间、意外故障和维修造成了建议的计划和实际执行的计划之间存在差异。

排程和执行过程中的固有不确定性越高，基于详细确定性数学模型的排程效率就越低。这是由于确定性问题的最佳排程是利用了作业集及其处理的所有特性，但即使计划和实际处理时间之间的微小偏差也可能导致原始排程的不可行。可能仍有一些部分是可执行的，但这不是最佳的。

有人可能认为，在不确定的工作集和处理中，最优解决方案是难以解决的。但 Lawrence 和 Sewell（1977 年）发现，在不确定的情况下，简单的排程规则优于详细的排程。Wiers（1997 年）认为，当操作者能够处理不确定性时，自主权最好交给车间。在后一种情况下，操作人员可以用简单的规则来处理不确定性的影响。同时 Aytug 等（2005 年）认为，管理层应调查不确定性的来源，并尽可能减少不确定性。

供应链必须要应对高度的不确定性，但由于复杂的制约因素，不太可能立即做出决策。这方面的例子包括特定的半工艺生产系统或空中交通管制。这种情况下，就会通过安装控制塔，在信息和通信技术的帮助下，由人类做出排程决策。这种控制塔由大量计算机的显示器组成，显示了关于现实世界的最新信息。

这些发现的结果是，基于确定性数学模型的详细生产排程只有在以下情况下才有效：所有的集中作业都有类似的截止期；所有作业都在新作业集发布之前完成；处理时间和生产准备时间可以准确预测，并且很少发生故障。请注意我们还没有经历过遵循以上假设的供应链。一旦不确定性超过某个值，首选简单的启发式和排程规则，并结合最新的状态信息和人为干预方法来解决问题。在设定工作截止期时，应考虑到固有处理不确定性和工作导致的不确定性。通常截止期是根据项目相关的计划提前期得出的，但由于处理时间取决于批量大小，所以提前期也取决于批量大小。这种决策层级结构间的依赖关系将在下面进一步详细讨论。

3.1.2.3 不确定性影响的说明：MRP-I 系统中的批量策略

随着 MRP-I 系统在更大范围内的实施，由于 MPS 的激增，会出现如何来确定 BOM 中每个项目的批号及其时间的问题，这就形成了随机经济批量问题（SELSP）。Whybarb 和 Williams（1976 年）、Blackburn 和 Millen（1980 年）的早期论文为研究滚动排程机制下批量策略的性能奠定了基础。这种观点与我们早期的观察相一致，即 APS 系统软件建立在这样的范例基础上，使用需求预测作为输入变量，解决或者优化假设的确定性问题，并通过将不确定性考虑进去后定期重新计划。在最近对这一主题的回顾中，Sahin 等（2013 年）在不确定性条件下，对这一类问题的文献进行整理并遵循相同的思路，即他们考虑在确定性需求和随机需求条件下滚动排程策略的研究。在前一种情况下，假定需求已知，但滚动范围比问题范围小，因此采用经过考虑的解决方法来确定当前期间是否订购，如果是，则确定订购多少，此时性能基准是整个范围内的最佳解决方案。在后一种情况下，需求是不确定的，但原则上可以将需求预测作为输入变量，再使用前一种情况的求解方法。但因为维度惩罚的原因，很难求解出最优解，这类似于启发式算法的解。

在这一系列的文献中，似乎忽视了这样一个事实，即我们知道在需求不确定的情况下，对于固定需求的最优策略。这一假设表明，在无限长的时间内，每个时期的需求是相同分布的，独立于其他时期的需求。我们可以看到这相当于每个时期投掷一个具有多面的骰子，最佳策略是所谓的（s，S）策略。由于需求预测通常代表非平稳需求，因此没有一篇相关论文考虑（s，S）策略。但是 DeKok（2015年）提出了广泛的证据，证明了即使在当今复杂供应链的多项目、多级模型的情况下，固定需求假设也会产生经验有效的模型。该经验发现的论点是，由于预测误差所代表的 SKU（库存单位）水平的需求不确定性具有如此高的方差，以至于任何潜在可预测动态（如季节性、趋势）的信号都被噪声所掩盖。

上述结果激励了我们的试验，与之前关于 SELSP 的研究一样，我们将解决确定性经济批量问题（DELSP）的 Wagner-Whitin（WW）算法的性能与 Silver-Meal（SM）启发式和（s，S）策略的性能进行了比较。我们使用 EOQ（经济订货批量）的值作为（s，S）策略的初始值，并手动优化 S-s。我们比较了订购成本、持有成本和惩罚成本的总和。A 表示为固定订购成本，h 为线性持有成本，p 为线性积压成本。我们考虑伽马分布需求，其中平均值代表动态信号，标准偏差代表噪声。假设预测误差的标准差 σ_{error} 随时间变化为常数，为应对不确定性，我们假设一个安全库存随时间变化为常数，最后假设一个恒定的提前期 L。我们使用超过100000个周期的离散事件模拟来确保每个周期平均成本的准确估计。对于 WW 和 SM 策略，我们假设规划期限为 T。

De Kok（2015年）对单层单项库存系统进行了阐述，在温和条件下，最优策略满足 Newsvendor（报童）方程，即库存为非负的概率等于 $\frac{p}{p+h}$，很容易证明，在一个恒定的安全库存策略下，所考虑的 WW、SM 和（s，S）都满足 Newsvendor 方程。在选择最优安全库存时，无论是在平稳需求下还是在非平稳需求下，我们只需要搜索安全库存这一个变量，就可以找到最优策略。在一系列策略中,比较最优策略是最重要的,如果我们按照一些经典的公式来选择安全库存,例如,安全库存等于 $k\sigma_{error}\sqrt{L}$,而 k 是安全系数,则这不会产生成本最优的 WW、SM 或(s、S)策略。比较非成本最优策略是不科学的,也是不可行,因为它可能导致错误的结论。

首先我们考虑一下固定需求的情况,此时最优策略是(s,S)策略。这使得我们可以对 WW 和 SM 策略进行基准测试。假设 $A=500$、$h=1$、$p=19$,这就产生了 Newsvendor 的 95%。假设平均需求等于 100,我们将(s,S)-EOQ 表示为 S-s 等于 EOQ 的策略,(s,S)-opt 表示 S-s 优化的策略。在给定的参数下,EOQ = 316。

在表 3.1 中给出了我们的研究结果,其中最优解用粗体表示。正如预期,(s,S)-opt 策略优于其他策略,而(s,S)-EOQ 表现良好,证实了文献(Silver 等,1998 年)中的内容。在考虑 WW 和 SM 策略的表现时,我们看到了计划期限的效应。对于提前期 L 和规划期限 T,"有效规划期限"是 T-L,因为第 1 批 L 订单数量已知,有效的规划期限是短的 4 批或者长的 10 批。WW 策略在短时间内优于 SM 策略,而在长时间内它们的表现同样出色。似乎存在着有些巧合的正地平线效应,与长期水平的情况相比,短期水平情况下的平均订货量(MOQ)明显更高。

表 3.1 静态需求下的试验结果

项目			WW		SM		(s,S)-EOQ		(s,S)-opt	
L	T	σ_{error}	成本	MOQ	成本	MOQ	成本	MOQ	成本	MOQ
3	7	10	326	351	338	251	314	382	**311**	**397**
3	7	25	353	353	371	253	354	370	**353**	**357**
3	7	50	437	362	457	262	437	379	**436**	**370**
3	13	10	338	251	338	251	314	382	**311**	**397**
3	13	25	371	253	371	253	354	370	**353**	**357**
3	13	50	457	262	457	262	437	379	**436**	**370**
6	10	10	333	351	346	251	322	383	**318**	**398**
6	10	25	376	353	395	253	376	370	**375**	**363**

(续)

项目			WW		SM		(s, S)-EOQ		(s, S)-opt	
L	T	σ_{error}	成本	MOQ	成本	MOQ	成本	MOQ	成本	MOQ
6	10	50	491	362	515	262	490	378	**489**	**389**
6	16	10	346	251	346	251	322	383	**318**	**398**
6	16	25	395	253	395	253	376	370	**375**	**363**
6	16	50	515	262	515	262	490	378	**489**	**389**

注：粗体数字表示最优解。

在 De Kok（2015 年）的文献中，MOQ 的重要性被强调为供应链绩效的两个主要驱动因素之一，另一个是安全库存。在单项目模型的情况下，一旦 MOQ 已知，安全库存就完全决策了性能。值得注意的是，SM 策略在结构上产生了过低的 MOQ，这就解释了平均成本增加 6% 的原因。

现在考虑一个非平稳需求的情况，每个期间的平均需求见表 3.2。对于这种情况，我们不知道最优策略，正如在 Sahin 等（2013 年）的综述文章中所述，比较了这 3 项策略，确定了每项策略的最佳安全库存，以确保适当的比较。动态需求是周期性的，周期为 6 个时间单位，见表 3.2。

表 3.2 非平稳需求

t	1	2	3	4	5	6
$E[D]$	50	100	150	50	150	200

$E[D]$ 表示这一时期的平均需求。总的平均需求约为 117；信号的标准差 σ_{signal} 为 55.3，约为平均值的 50%。因此，这个需求显然是非平稳的。成本参数与固定需求试验中的参数相同，产生的 EQO 值等于 342。

在表 3.3 中给出了非平稳需求下的试验结果，其中最佳解决方案是用粗体数字表示的。过去的研究结果表明，忽视非平稳需求的 (s, S) 策略应被视为一种遗漏。在特定的试验中，它在 100% 的情况下优于 WW，在 66% 的情况下优于 SM。显然，这些发现并不是决策性的，但它表明，在需求不确定的情况下，甚至在动态需求的情况下，也需要一种极其简单的策略,例如(s,S)策略,它不需要一个算法来计算某个时间范围内的最优批量大小,它可以优于更复杂和涉及计算的策略。此外,(s,S)策略对计划范围的选择不敏感。

表3.3 非平稳需求下的试验结果

项目			WW		SM		(s,S)-EOQ		(s,S)-opt		(s,S)-level		
L	T	σ_{error}	成本	MOQ	成本	MOQ	成本	MOQ	成本	MOQ	成本	MOQ	ΔC
3	7	10	354	316	333	350	402	398	**318**	350	363	350	9%
3	7	25	394	310	**385**	**332**	413	412	399	359	400	357	4%
3	7	50	490	308	490	303	479	423	**479**	**400**	483	391	-1%
3	13	10	347	281	333	350	402	398	**318**	350	363	350	9%
3	13	25	396	276	**385**	**332**	413	412	399	359	400	357	4%
3	13	50	504	263	490	303	479	423	**479**	**400**	483	391	-1%
6	10	10	363	311	341	350	398	398	**328**	350	345	350	1%
6	10	25	419	310	**410**	**332**	423	412	418	371	422	361	3%
6	10	50	549	306	546	303	526	423	**526**	**402**	528	391	-3%
6	16	10	355	281	341	350	398	398	**328**	350	345	350	1%
6	16	25	423	276	**410**	**332**	423	412	418	371	422	361	3%
6	16	50	562	263	546	303	526	423	**526**	**402**	528	391	-3%

在表3.3中,我们添加了(s,S)-level策略,它来自于平稳需求情况,其平均需求等于6个时期的平均需求,需求的标准差等于σ_{error}。我们发现,在大多数情况下,该策略的表现比WW和SM好,如ΔC所示;但相对于WW和SM,该策略的相对成本增加。这显然需要进一步的研究,但这表明我们可以使用平稳需求模型来推导简单的静态控制策略,即使在非平稳需求下也能很好地执行。

上述试验说明了一种更为普遍的现象:需求和供应等外生变量的不确定性促进了简单策略的使用,这些策略不利用需求和供应预测的确切值。对此问题的进一步研究可能会产生新的APS软件开发范式,摆脱努力寻求确定性问题的最佳解决方案的想法。在实践中,这一现象已经转化为常识性的指导原则:当涉及许多不确定性时,不要试图应用太多的优化。相反，在这种情况下，应重点关注决策支持系统，使人们能够快速改变计划或排程。

3.1.2.4 缓冲不确定性

如前所述，数学程序没有明确考虑不确定性，因为它们假定所使用的所有信息，甚至是有关未来的需求或物质供应都是完美的。这种不足可以通过以下方式来补救：

1）以状态信息更新（如在制品、现有库存和预测）的形式，实现对实际不确定性的反馈。

2）目标松弛量应以各种材料的安全库存和安全提前期的形式加以考虑。

3）以最大利用水平或所涉各类资源的过剩产能的形式考虑目标松弛。

以适当的形式确定松弛量是一门艺术，而不是一门科学。我们可以使用库存理论来确定安全库存，并使用排队理论来确定允许可接受提前期的使用水平。但是该理论主要涉及生产库存系统的基本模型，它通常假设流动时间分布已知、需求分布已知，并且在很大程度上只涉及单个项目的单级模型。资源处理作业模型通常假定作业的一些外生的到达过程、固定或随机路径，以及独立的、均匀分布的处理时间、安装时间、维修时间和正常运行时间。如果在适用于现有情况的假设下，数学计算是严格的，这些模型将产生经验性有效的结果。

1）随机库存模型解释了物资需求、物资供应、库存和客户服务之间的定量关系。

2）随机排队模型解释了资源需求、资源可用性和流量时间之间的定量关系。

上述要求应理解为其他情况是相同的。在考虑单个项目的库存管理时，假设资源和其他物料的管理保持不变，我们可以收集相关数据，并使用最先进的单个项目、单个位置库存模型，来理解为什么客户服务和平均库存是可以测量的。同样，考虑在制造过程中某一阶段使用相同的资源管理时，假设物料和其他资源的管理保持不变，我们可以收集相关数据，并使用多服务器排队模型来理解为什么利用率和平均流程时间是可以测量的。但是在考虑库存位置网络和交互资源网络时，我们必须更加谨慎地使用目前可用于排队网络和多项目、多级库存系统的数学模型。

使用数学模型的另一种替代是使用有关库存水平、资源利用率和随时间变化客户服务的经验数据。显然，较高的库存水平和较低的利用率能够提高响应能力，从而提高客户服务水平。从基于过去经验的规范开始，仔细记录业务数据，如果不满足实际的性能目标，无论是太高还是太低都可以适当地向上或向下调整规范。这种务实的方法在一段时间内表现出类似行为时是有鲁棒性的，无论是涉及供应、制造还是需求。我们考虑一个类似的过程，如果它的输出可以在相同长度的时间间隔内以相同的精度进行预测，在此强调，这并不意味着流程是相同的。显然，产品组合和制造技术也会随时间发生变化。但我们观察到，公司从一年到另一年的流程有很多相似之处。

当我们需要在流程发生相当大的变化之后，为未来设置松弛时，务实的方法就不那么有效了。通常公司致力于减少流动时间，因为这减少了在制品和库存的投资，并有可能改善客户服务。过程行为的重大变化要求对松弛的规范进行实质性的改变，在这种情况下，我们不能依赖过去流程行为的数据，我们需要依靠由计划员提供的数学模型组合，生成新的规范和隐性知识来判断它们的有效性，并在 APS 中使用这些模型。

3.1.2.5 结构复杂性

在前文中，我们讨论了供需平衡问题的复杂性，它来源于未来需求和供给的不确定性，即维度的惩罚。我们将这种形式的复杂性称为不确定性诱导的复杂性，因为许多研究 APS 系统的研究人员和专业人员都不了解这一基本概念，并且他们声称模型或 APS 系统为手头的问题生成了最优的解决方案。

大多数研究人员和专业人员都知道另一种形式的复杂性，是供需平衡问题的结构复杂性。结构复杂性涉及项目数、资源数、项目与项目的关系、项目与资源的关系。项目与项目的关系，遵循确定所考虑问题的物料清单的项目之间的父子关系。项目与资源的关系，涉及项目在不同资源上的线路，这些资源用于将子项目转换为父项目，也称为流程单。假设决策者决策空间的所有未来事件都是已知的，结构复杂性转化为许多决策变量和约束条件，特别是当数学模型支持有关选择用于处理项目的资源以及选择在此资源上处理项目的时间的决策时，这些选择将产生所谓的 0-1 决策变量，这使得找到最优甚至可行的解决方案变得极为复杂。

人们直觉上可能认为，有限个可行解的问题比具有无穷多个可行解的问题更容易解决。但计算复杂性理论（Garey 和 Johnson，1979 年）明确指出，情况并非如此。例如，具有无穷多个可行解的 LP 问题可以很容易地用最先进的软件解决，而许多实际排程问题（例如 N 个作业必须在 M 台机器上处理）显然是有限的解，但无法在合理的时间内解决到最优。

不确定性诱导复杂性（UI-complexity）和结构复杂性（S-complexity）都意味着，在大多数情况下，支持供需平衡问题的数学模型不可能被解决为最优。考虑到 APS 系统的设计及其所支持的决策过程的设计，必须考虑到数学模型不能涵盖决策问题的所有方面。这将产生以下 APS 设计的问题：

1）为了 APS 能够在不确定的环境中有效地支持决策，必须做出哪些结构建模选择？

2）应以何种方式将数学模型的解提交给决策者，使其能够决策：①修改解；②修改考虑的情景，然后再次运行 APS 系统？

在讨论回答这两个问题的 APS 设计过程步骤之前，让我们先讨论处理 UI 复杂性和 S 复杂性的其他方法。

3.1.3 处理复杂的类型

Galbraith（1973 年）认为，问题的复杂性通常可以通过 3 种备选方案的结合来解决：

1）将问题分解成较小的子问题。

2）信息和通信技术（ICT）。

3）在时间、材料和资源上松弛。

为一个特定的问题找到合适的选项组合是一门艺术，而不是一门科学。但在表 3.4 中，我们建议将这些选择与上面讨论的两种不同类型复杂性相结合使用：结构化（S）和不确定性诱导（UI）。

表 3.4 管理复杂性的选择

复杂性类型	复杂性管理选项		
	分解	ICT	松弛
S	√	√	
UI	√		√

信息和通信技术主要是检索有关物料和资源状况（如数量、质量、位置）的信息能力。APS 系统及其用户利用这些信息在正确的时间做出正确的决策。因此，APS 系统及其用户可以使用这 3 个选项，也可以不使用。表 3.4 就使用的选择提出了建议。以下各节将介绍复杂性管理选项。

3.1.3.1 信息和通信技术

如前所述，大量项目和资源相关的数据与结构复杂性有关。信息和通信系统是获取大量输入数据（如传感器、条形码、人类输入）并存储这些数据，等待进一步用于决策的手段。在数据科学或大数据方法的引导下，当试图理解要解决的问题时开发了越来越多的通用方法，来分析可能揭示各种投入和产出之间因果关系和相关性模式的数据。对需求的预测是使用这种方法的众所周知的应用。时间序列分析、计算机科学（如神经网络和机器学习）是起源于统计和计量经济学的通用方法。

解决计划和排程问题需要有更复杂的数学方法。虽然基于批量的计划问题可能有更通用的表述方式，例如标准与操作规程，但排程问题大多是非常具体的，因为它们的复杂性是由工艺和过程特性的特定项目资源关系驱动的，例如批处理与连续处理、为处理单个任务保留多个不同的资源，以及特定作业序列在资源上的不可行性。尽管如此，对于这种特定的问题复杂性，APS 系统通过执行特定于问题的算法来处理结构复杂性，这些算法可能需要几分钟或几小时才能找到可行的、更可取的良好解决方案。这个解决方案也可以是一个建议，供计划员来进一步制订一个可以执行的计划

之前我们讨论了需求和处理过程中不确定性带来的维度惩罚，APS 在应对不确定性方面有其局限性，处理不确定性的典型方法是简单地忽略它，这种方法依赖于频繁更新有关作业和工作订单的完成情况、预测和客户订单的信息。在这种情况下，我们反复在没有不确定性的情况下解决问题。这种方法是否有效，取决于计划周期的持续时间和受控系统状态变化的速度（见图 3.1）。

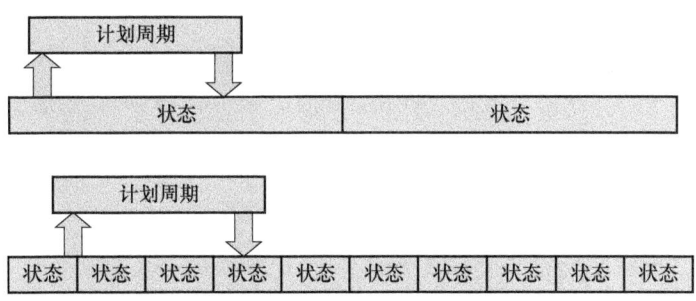

图 3.1　计划周期与状态变化

在系统状态保持不变的情况下，如果有足够的时间运行一个计划周期，那么使用带有确定性优化技术的 APS 来处理不确定性是很好的方法。但当受控系统的变化速度远快于 APS 可以重新计划的速度时，优化技术应该被替换为更简单、更具有鲁棒性的技术。在这种情况下，对计划和排程问题的研究似乎表明，使用优化不如使用更简单的启发式方法、混合方法的组合来进行排程或者优化（Jourdan 等 2009 年）。

在排程方面，Lawrence 和 Sewell（1997 年）研究了在加工时间不确定

的情况下作业车间排程优化方法的性能。结果表明，应用简单反应的排程规则，例如应用最短处理时间（SPT）来选择要在资源上处理的下一个作业，比使用优化方法提出的排程方案有更好的性能。虽然作业车间只是各类生产系统中的一种，在作业到达和处理产量解中存在不确定性时，使用具有确定性的生产系统优化求出的这些解都是次最优的，并且往往比简单的排程机制执行得更差。这一发现得到 Wiers（1997 年）研究的支持。Wiers 认为，当执行层（或操作员）中的人有解决问题的能力时，就应该将自主权传递到较低的层级，以便在不确定性出现的地方将其解决。

但在许多生产情况下，应用简单规则是不可行的。例如，考虑半流程工厂，在那里使用的处理方案会影响生产系统的稳定性和速度，不能用简单的规则来安排。

众所周知，在生产计划方面，在固定随机需求、线性持有和罚款成本，以及固定订单成本下，在单个地点管理单个项目库存的最佳策略是（s, S）策略（Scarf, 1959 年；Iglehart, 1963 年）。该策略操作极为简单：一旦库存水平（实际库存减去缺货订单加上未完成订单）低于 s，就立即订购到 S。通过 Wagner 和 Whitin（1958 年）提出的动态规划算法，可以找到确定性有限范围问题的最优策略。尽管该算法是有效的，但计算压力仍然相当大，更重要的是，潜在的策略结构尚不清楚。在需求不确定的情境中使用该策略显然比更简单的（s, S）策略需要更高的成本。有关更深入的观点，我们参考 3.1.2.3 中的说明性示例。

对多项、多级库存系统的研究（De Kok 和 Fransoo, 2003 年；Spitter, 2005 年）似乎提供了进一步的证据，即在需求和过程不确定性的情况下，简单策略（规则）在滚动排程环境下，随着时间的推移，优于确定性数学规划模型的最优解所产生的决策。

总之，我们假设在不确定性诱导的复杂性（UI-complexity）下，当受控系统的变化速度超过计划周期所能处理的速度时，使用频繁重新运行的确定性模型来处理变化的 APS 系统不是最优选择。在这种情况下，使用的方法应该尽可能简单，APS 应该提供交互式操作的可能性，因此计划员可以将 APS 结果作为建议，而不是作为最终的结果。

3.1.3.2 松弛

我们对利用松弛来处理不确定性的理解建立在排队论和库存理论在实践中广泛应用的基础上。我们发现，使用文献中提出的模型，如排队模型和各种类型的库存模型的先决条件是严格的数学应用。尤其是库存理论，由于在教科书中广泛使用不正确的公式，使得反馈循环无法正确执行，用户忽略了 APS 系统提出的决策。尽管如此，基本模型定性地为我们提供了对需求和过程不确定性后果的重要解读。

排队论研究了由资源组成的系统面对具有不确定到达时间和不确定处理需求的外部作业流时的行为，既考虑了哪些资源必须处理这些作业，又考虑了需要多少处理时间。对这类系统的分析表明，系统的松弛是不确定性的结果。由于到达流对于资源来说是外生的，因此有时候资源需求超过资源可用性，此时作业队列在资源前面，从而产生等待时间。这种不可避免的延迟形成了松弛。如引言中所述，因为这影响决策的时间安排，计划和排程必须考虑到这些延迟。

延迟是随机的，通常构成车间中作业的总生产时间（流程时间）的 80%，为了确保作业的截止期可靠性，以便在计划的时间内及时使用生产的项目进行后续处理或销售，为处理作业而预留的提前期包括所谓的安全时间。安全时间是预防不确定性的一种松弛形式。同样，安全库存可以防止需求在时间和数量上的不确定性。令人意外的是，一段时间内的高需求可能是由这一时期的大规模订单、该时期的大量客户订单或两者共同造成的。

排队理论表明，安全生产能力可以吸收不确定性，从而防止因不确定性导致的过度延迟。显然，安全生产能力意味着较低的资源利用率，这可能是处理不确定性的一种昂贵方法。

使用（或不使用）空闲时间、物料和资源是一项预防（主动）性投资，以确保高截止期可靠性和高客户服务。这构成了投资、松弛成本、不可靠成本之间的基本权衡。在实践中，这种权衡是隐性的、基于隐性知识和使用绩效指标的正式反馈。嵌入在战术 APS 系统中的数学模型也明确地支持权衡的展开。

上述结果表明，松弛是处理不确定性引发复杂性的有效方法，但它是否为最有效的方法则是另外一个问题。如六西格玛和精益思想的业务实践聚焦于消除过程中的不确定起因；协同计划和预测是减少需求不确定性中不太成熟的实践方式。我们经常会遇到管理大师，他们声称，通过积极对抗不确定性来消除不确定性。我们认为，不确定性不应被视为是理所当然的，而应尽可能减少，但在任何实际情况下，不确定性都是存在的，我们应该更好地处理它，而不是忽视它，可以参见在 3.1.2.3 节中的例子。

最后，我们指出了在系统外部利用松弛的可行性，从而结束了对松弛的讨论。一些非常成功的公司就是这样做的，因为他们的产品能够满足独特的客户需求，如苹果、耐克、保时捷、宝马和帝斯曼。它们隐性或显性地利用系统外部的松弛，让客户等待，并让等待时间成为一种体验，这样客户几乎不会抱怨。因此产品就可以按照预先制订的计划生产，满足客户的需求，在很大程度上消除需求的不确定性，从而使生产的重点可以放在效率、质量和低成本上。但不幸的是，只有拥有优秀产品的公司才能采用这种具有成本效益的策略。

3.1.3.3 分解

解决供需平衡复杂性的第 3 个选择是分解，这是处理复杂问题的常用方法。APS 是生产控制框架和概念设计的核心方法，它支持复杂结构的管理，因为这类复杂结构意味着必须获取大量与项目状态（库存、在制品）和资源（随时间变化的可用性）有关的输入数据，才能实例化支持决策的数学模型。随着 APS 系统的发展，原先分解的问题如今可以作为一个完整的问题来解决。然而，我们先前认为问题的分解不仅是由结构复杂性驱动的，还是由不确定性引发的复杂性驱动的。

关于问题的结构复杂性，通常建议将它分解为相互关联的问题，适当的分解取决于问题的具体特征。一个特征与决策产生影响的时间范围有关，这导致了将问题分解为战略、战术和业务层面（Anthony，1965 年）（见图 3.2）。

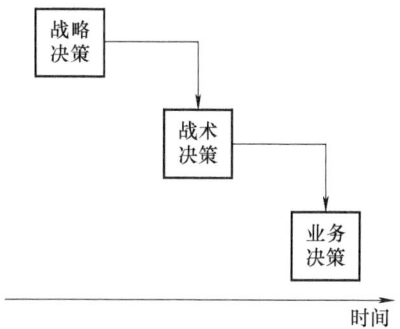

图 3.2 基于组织层级的分解

计划和排程问题的一个典型分解是，首先考虑 1~2 年的资源计划问题，然后考虑具有相似水平的物料计划问题，最后考虑几周内的排程问题（见图 3.3）。反过来，物料计划问题可以分解为逐项库存管理问题。在某些情况下，由于不确定性引发的复杂性，分解意味着插入了松弛度（图 3.3）。

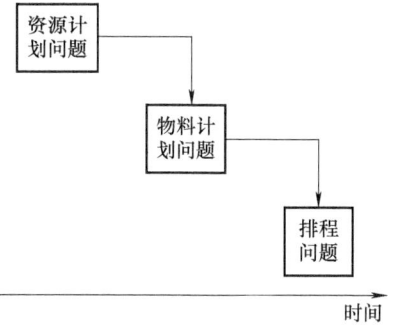

图 3.3 基于资源和物料约束的分解

计划问题的不确定性引发的复杂性驱动分解，主要取决于后续决策的执行提前期。资源计划问题自然先于物料计划问题，因为改变瓶颈资源的可用性往往比采购物料要花费更多的时间，从长远来看，所有物料都可以利用能力来创造。在生效提前期内，系统及其环境发生变化，这意味着根据预测建立详细的物料需求和详细的资源需求的数学模型会受到过度拟合的影响。过度拟合是指从数学模型中得到的解过于依赖于对未来需求和未来处理的具体假设，因此，不确定的情况下的解可能不是最优的。我们参考 De Kok 和 Fransoo（2003 年）的文献，其中通过比较基于线性规划的滚动优化方法和基于随机库存管理的启发式方法，对典型的多项、多级系统进行了演示。

3.1.4 分解方法

3.1.4.1 集成减少决策空间

人们应该认识到，随着时间的推移，包含详细混合的物料和资源需求模型，比仅包含数量总量的物料和资源需求模型多更多数量级的限制。这意味着聚合模型根据详细模型找到了可能不可行的可行解，但当需求已实现时，事后看来这个解可能是可行的，Negenman（2000 年）的离散事件模拟试验证实了这一观点。Negenman（2000 年）指出，考虑到详细排程约束的订单发布决策优于从这些约束中抽象出来的订单发布决策。

一般说来，在决策周期性（例如每周）订单发布的决策问题添加详细的物料和资源限制会减少可行的订单发布决策集，降低了计划资源利用率，从而进一步减少了实际资源的使用。这甚至可能导致系统不稳定（参见 Selcuk 于 2008 年发表的文章），并且无论如何都要降低成本和服务的性能。在这里，我们看到了资源和物料之间的两个基本区别的影响：

1) 现在未使用的物料可供将来使用；现在未使用的资源不可供将来使用。

2) 订单发布决策立即要求提供物料，但在未来某个时候要求提供资源。

第 2 个区别意味着物料约束可以从实际物料供应中得到,而资源限制不能从实际资源供应中得到,因为过去发布的订单消耗了这一资源。第 1 个区别强调了防止不必要的瓶颈资源闲置的重要性。Jansen(2012 年)表明,在瓶颈系统负荷低于 1,且待处理工作充足的情况下,基于平均输出率的有限能力规划问题的"明显"和常见公式可能会产生不稳定的解决方案。这些常见的公式忽略了一种可能性,即生产系统在一段时间内的产量可能超过平均产出率,这就补偿了该系统的产量低于平均水平的时期,Jansen 指出,这个问题可以通过引入超过一个周期的计划提前期解决,因为它允许释放超过一个周期的同等产能。我们已经提出,计划的提前期自然是需求和处理不确定性的结果。将超过一个周期的计划提前期纳入有能力的计划问题公式是很自然的,而且对于从这些公式得出的解决方案的性能也是至关重要的。

3.1.4.2 分解利用信息的质量

集成解决方案(如集成计划和排程)和基于分解的解决方案之间的主要区别是,在这些解决方案中,计划层级首先将订单发布到车间,计划员再根据订单发布时间决定路线。随着时间推移,计划员可能会利用信息质量的差异,关注资源可用性和需求。通常,总需求预测比详细的需求预测更准确,同样的,一个月或一周内的资源可用性估计比具体工作的处理时间估计更准确。这一点在当前决策上尤其正确,必须做出有关物料订购、部件制造发布、子组件工作订单发布和最终产品工作订单发布的决策。这些决策是在收到客户订单之前做出的,而客户订单有效地消耗了这些物料和资源。计划的黄金法则是只决策必须采取的行动,从而不可逆转。在决定这些行动、制订决策时,使按需使用和处理的信息质量达到最大,通常意味着应该避免不必要的细节。

3.1.4.3 分解和建模艺术

从前面几节可以清楚地看出,总体供需平衡决策的问题与其说是一门科学，不如说是一门艺术，但这种艺术是建立在一些违背人性基本原则的基础上，因为随着时间的推移，我们不可避免地需要处理需求和过程中的不确定因素，这表明之前制订详细的综合决策是无效的。在不确定的情况下寻找更多细节是人类的天性，这是可以理解的，因为更多的细节提供了更多的知识。不幸的是，为了确保生存，这种行为已经深植于人性之中，所要求的细节涉及现在和不久的将来。在计划甚至排程中，不确定性与基本的"白噪声"有关，但这些"白噪声"不能被"打开"成有意义的信号。在这种情况下，严格的数学和离散事件仿真结果表明，因为细节是分散的，在此条件下无关紧要，只有通过教育、训练和经验，我们才能用不正确的"脊椎"知识取代正确的意识知识。

在第 3.2 节中，在文献中提出的生产控制框架和分层决策的 APS 系统设计背景下，我们更详细地讨论分解供需平衡问题。

3.2 生产控制框架

3.2.1 标准框架的作用

生产控制模型给出了设计 APS 功能分解层级结构的最合理起点，因为这些模型概述了在生产控制中需要执行的功能，以及高层级函数是如何为低层级函数提供信息的。然而，我们将解释为什么这些参考模型通常过于通用和高级，不能用作起点，并提出一种替代方法。作为生产控制参考模型的一个例子，图 3.4 给出了 Bertrand 等（1990 年）提出的模型。

生产控制模型对于深入了解计划和控制物理价值链的必要功能是很有用的。在更高层次的计划和更低层次的计划之间，在通过分离点控制货物流动和控制生产单位之间，存在着区别。在设计 APS 系统中实施的生产控制结构时，应明确在哪个层级上采取了哪些生产控制功能或决策。

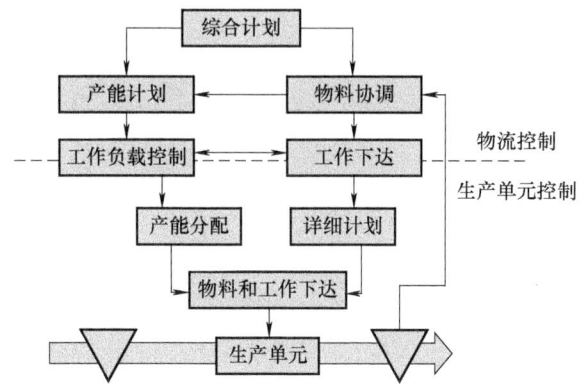

图 3.4　Bertrand 等（1990 年）提出的生产控制模型

然而，功能的精确设置可能因组织而异，例如，某些公司的物料计划和预订是高层级计划决策，而对于其他公司来说，则是较低层级计划决策。生产控制范式可能要求功能的普遍划分，但我们认为框架具有较强的学术背景，学术界主要对特定类型的价值链（如离散制造）有经验。

因此，在设计 APS 时，人们很快就会发现生产控制模型计划层级过高，或过于通用，或两种问题兼备，因此无法被用作设计模板。例如，Vollmann 等（1988 年）认为，需求计划是由以简单数字方式预测的 SKU（库存持有单位）来体现。主生产计划必须在 SKU 层级上进行，但预测是在产品系列层级上进行的，这将会发生什么呢？当试图将图 3.4 中提出的模型用于 APS 设计时，可能会出现许多问题，例如，为什么要将工作能力规划和物料计划分开？如果将工作能力规划和物料计划结合在一起呢？如何将预测转化为综合计划？为什么先发布工作，再发物料？为什么缺少生产单元控制或者控制解耦点呢？

换言之，生产控制结构通常是针对具有标准产品和资源结构的虚构模型公司。上述框架由 Bertrand 等（1990 年）提出，是许多旨在设计实际控制结构的公司项目的起点。当需要时，针对当前的具体情况对控制结构进行修改。因此，当公司正在考虑计划和排程系统时，通用控制结构就会被调整、丰富或简化。其他生产控制模型也有类似的不足，将会在下面的章节中描述。

3.2.2 层级规划范式

在本书中，我们通常为 APS 系统假设层级计划结构，层级生产控制模型在生产控制文献和教科书中占据主导地位，并实现了广泛的应用，其原因是：

1) 由于计划和排程问题由强相关因素组成，所以没有很好的分解方法。例如，当产品组之间竞争相同的工作能力时，不能为产品组的子集制订单独的计划。

2) 层级分解在高层级上，必须提前做出决策，而在低层级上，可以推迟做出决策。

3) 层级分解适合许多组织的结构。

4) 层级分解简化了生产控制结构的复杂性。

应该注意的是，计划问题的层级分解背后是有一些假设的，麦凯等（1995年）指出，分层规划范式（HPP）的应用是基于以下假设：

1) 某层级知道下面层级最适合什么。

2) 某层级不清楚其内部运作情况。

3) 层级是专业的，在考虑的时间范围内是稳定的。

4) 较高层级限制下面的较低层级，并使用较低层级的聚合结构或模型。

这些假设在实践中从未得到完全满足，意味着需要执行"迭代循环"来纠正不适合模型假设的情况。例如，计划可能被释放到已检查过工作能力的排程中，但在排程中更详细地检查工作能力时，发现并非所有计划的订单都能及时完成。这可能是订单的生产准备时间造成的，因为生产准备时间在计划层级上是平均的，但在计划层级或意外故障中需要被精确计算。在这种情况下,排程员将联系计划员或安排一些订单,因为交付太迟了,这些订单将反馈到计划层级。

上文已指出,松弛是应对复杂性的手段。在层级分解的背景下需要迭代,但可以通过添加松弛来减少迭代的频率,例如,假设在层级结构的更高层级上可用的容量少于实际可用的容量,或者创建了更多的项目安全库存,这样就没必要为了满足客户需求重新计划。由于不确定性,跨层级的综合规划是不适当的。因此,我们使用计划层级分解、松弛和人为干预(迭代)来有效地管理不确定性和复杂性。

3.2.3 MRP-II中的分解

在本书中,我们使用MRP-II框架来说明APS系统概念设计的各个方面。因为没有工作能力模型,而且在大多数情况下没有交互式甘特图(见第1.2.2.3节),因此从MRP-II框架派生的MRP-II(ERP)系统并不被视为APS系统。如第1.3节所述,在20世纪70和80年代,实施了作为供需平衡的主要支持系统的MRP-II系统。但MRP-II是对订单发布和订单执行决策进行仔细管理的事务性系统。

如前所述,APS系统可以配备数学模型,这些模型具有明确的目标函数和要处理的约束。MRP-II系统中唯一的形式逻辑是MRP-I逻辑,它没有基于明确的目标,也没有考虑物料和资源的限制。MRP-I代表物料需求计划,实际上,它根据所谓的提前期抵消、BOM上游和后向需求的传播来生成随时间推移的物料需求。但是生成需求只是计划问题的开始,根据之前做的决策,随时间产生的物料和资源可用性是供需平衡问题的另一面。而计划和排程的复杂性在于随时间变化,需求和可用性不一致。在MRP-I系统中,平衡是由计划员完成的,他们通常在部分问题上并行工作,因此所做的每一个决策都可能影响到其他计划员的决策,尽管如此,MRP-II框架(见图3.5)的确代表了支持供需平衡的系统的可能概念设计。

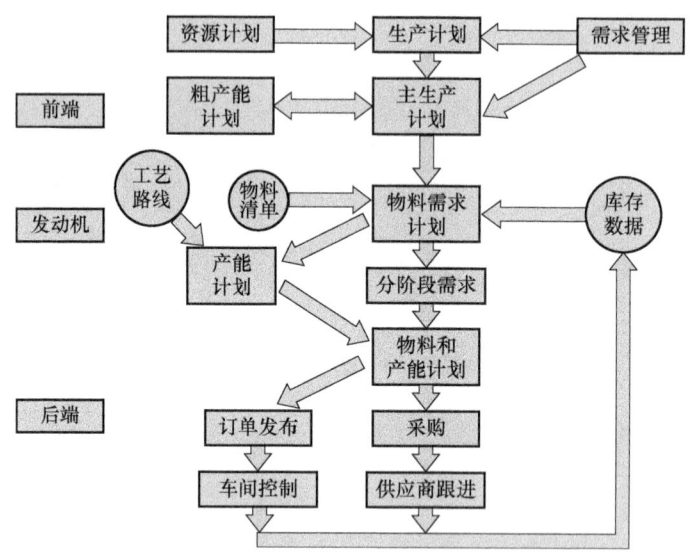

图 3.5　MRP-II 框架（Vollmann 等，1988 年）

MRP-II 框架基于以下原则分解：

1）在月度或季度中的长期计划处于数量级，而在每日或每周中的中期和短期计划处于 SKU 级。

2）资源计划在物料计划之前。

3）定期的物料计划在实时的详细排程之前。

Bertrand 等（1990 年）对 MRP-II 框架进行了广泛的评估，并且它表明适用于过程产业和面向订单生产的组成产业做决策。在这两种情况下，资源的复杂性都非常高，而 MRP-II 框架并没有涵盖这点，该框架围绕着物料清单的概念，并以恒定的交货期进行抵消。由于 MRP-I 逻辑根据这些简单原则来及时安排订单，它会与资源设置的约束产生冲突。我们的讨论旨在补充 Bertrand 等（1990 年）的概念讨论，并引入了生产和库存控制的 Eindhoven（埃因霍温）框架。产品单元是提出层级结构的主要组成部分，它是负责交付具有高到期日可靠性的已发布工作订单的组织实体，能协调发布跨生产单元的工作订单并接受客户订单的物流控制（见图 3.6）。

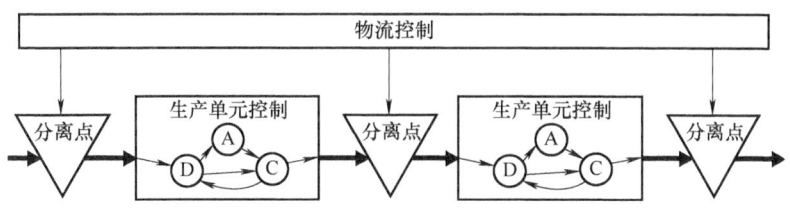

图 3.6　物流控制和生产单元控制（Bertrand 等，1990 年）

计划逻辑是物料需求计划中仅有的决策功能。需求预测是从方法论的角度发展起来的，其他决策函数主要由输入及需要通过函数传递做成的输出来进行定义。在实践中，人们通常使用电子表格支持集体规划、资源计划、粗能力计划和主生产计划。这解释了 APS 系统供应商对这些功能的关注，因为有很大的改进空间。

3.2.4　活动和批次

创建活动的需求可以看作是生产控制框架的"继子"，计划框架似乎忽略了对这种订单或物料进行分组的必要性，因为活动可以发生在决策层级的各个等级，所以问题比较棘手。我们认为这也表明不应将标准框架放到 APS 设计中，而应将其作为一个示例，说明如何在虚构的情况下进行分解。

人们可能会认为，活动通常不是在计划中进行的（而且只在日程安排中进行），这样做是为了避免在一系列工作中出现大型装置，并且计划不"知道"活动序列。然而当活动的长度与排程范围和计划"桶"尺寸"重要"相关时，活动仍是在计划层面上界定的。因为到目前为止还没有关于什么时候应该包括哪些计划层级的活动或什么时候不包括的相关理论，所以不能精确地确定"重要"的含义。

批处理和活动有些共同的特点，是它们将一起处理的操作进行分组，对于一个活动来说，活动中的顺序是相关的，但是对于一个批次来说并不一定如此。批次通常是由于物理限制，例如为炉子或储罐中必须一起加工的一组物料；而在活动中的操作原则上可以按照随机（可能非常低效）的顺序进行计划，在较高的计划层级上，通常不考虑批次，但活动应该考虑。

当活动必须在执行过程中处理时，应选择要在哪一层级考虑这一点。在计划层级上，在特定的"桶"中为特定的产品（或产品组）保留一定百分比的可用工作能力。当新工作到达时，它将分配到计划的活动中，当该活动已满时，新工作将跳转到下一个活动。从某种意义上说，计划活动通常非常严格，因为规模不能轻易改变。在某个活动中或其中的某个内容存在着复杂的顺序规则时，这通常在计划中是不可见的。例如，油漆工厂中要用特定的颜色可能需要很长的准备时间，但当在此之前有其他特定产品使用这个颜色时，准备时间就会缩短。在计划中进行活动时，必须能够对活动订单和其他相关订单的工作量做出非常可靠的假设。

当在排程层级上要完成处理活动时，排程程序应决定何时开始和结束活动，它很容易将活动变得更小或更大，整个活动的顺序可以类似于时间表中的其他工作，而缺点是必须向排程程序发布足够的工作来构建活动，这可能会将排程范围增加到不可接受的大小，还可能增加其他不需要在活动中分组的半成品。

3.3 决策层级结构

3.3.1 自然层级结构

在本节中，我们将介绍遵循自然分层，分解执行转换过程的订单。自然层级结构是基于转换过程需要的时间来执行订单的，但需要执行的时间和持续时间的不确定性将会产生额外的延迟。这些延迟说明生产最终产品时，首先应将物料从供应商转移到生产现场，然后才能将其转化为最终产品。同样，用来销售的商品，首先要生产出最终产品然后再分销，延迟的时间可能是几天、几周、几个月，这取决于转换过程的特点。由于延迟部分是由不确定性造成的，而转换过程本身就是不确定性的来源，因此我们无法清晰准确地预测未来几天、几周和几个月内最终产品、子组件、组件和物料的需求，也无法预测每天、每周和每月执行所有转换过程所需的时间。

本节我们将详细讨论决策函数的自然层级结构，这种层级结构是从供需平衡问题的以下几个方面得出的：

1) 遵循项目规范的流程约束。
2) 待解决的详细排程问题。
3) 待解决的订单下达问题。
4) 执行过程中固有的不确定性。
5) 外生过程的内在不确定性，即需求和供给。
6) 控制执行的过程以确保实现性能目标要求。

在解决供需平衡问题所带来的决策问题时，还需要进一步的研究，以加深对制订决策问题原则的理解，以下是我们制订的分解该问题的指导原则：

1) 根据执行准备时间，确定一段时间内有关创建资源和物料可用性的决策顺序，从而创建自然层级结构。
2) 确定必须采取每个决策的频率。
3) 在资源和物料的可用性方面明确地制订不可逆转的决策。

考虑到自然决策层级结构，对于根据正式数学模型设计的决策函数和决策者的使用过程，我们制订了以下指导方针：

1) 将相关资源和需求聚合到与决策相同的聚合层级，即从决策下面的细节中提取出来。
2) 明确地制订在层级结构中，更高层级在早期决策时所确定的约束。
3) 定义需要以何种形式的松弛来考虑层级的不确定性。
4) 一旦有关未来需求和处理的更多细节显露，需要定义以哪种形式的松弛来考虑较小的决策空间,以便未来在低层级进行决策。

5)根据相关参数来确定输入变量和决策变量的起始状态。

6)制订一个或多个与组织目标相一致的正式目标。

7)制订所有相关资源和物料的约束。

在第 1 步中,我们基于之前对不确定性引发的复杂性的影响进行了广泛的讨论,我们不建议将低级决策模型包括在所考虑的决策函数模型中。然而,在第 4 步中,我们要保护自己不受忽视详细物料和约束资源的决策约束的可能,因为这一决策之后会成为一个过于严格的约束,从约束中抽象就是忽略约束。在第 4 步中,我们可能会得出这样的结论:将部分供需平衡问题分解为两个独立的问题是无效的,因为在这种情况下,两项决策是综合的,而上一层级的决策取消了,就无法考虑下一层级了。在连续步序式工业中,可以找到这种综合决策的典型例子。这种行业需要在极高的利用率水平上工作,同时在随后的处理步骤间具有复杂的相互影响。在这种情况下,所谓的 MPS 层级与详细的排程应集成在一起(见图 3.7)。

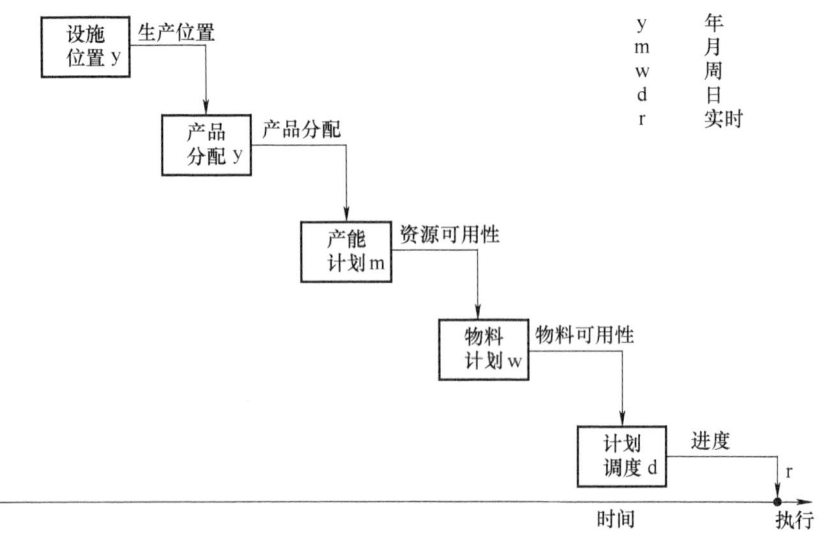

图 3.7　自然决策层级结构

上述步骤可用于设计由"松散耦合"的决策函数组成的 APS 系统,每个决策函数的功能设计都是根据形式目标和约束来制订的,耦合是通过时间上的明确决策来实现的。

3.3.2 构造层级结构

利用所定义的概念,我们可以用计划和排程函数的决策或计划任务层级来表示任何生产控制问题,其中一个任务的输出必须是另一个任务的输入。需求必须存在于一个或多个级别,例如,可以在销售和运营计划中输入预测,在主生产计划中输入订单,在某个时候,决策层级结构必须产生一个足够具体的输出,以便执行层能够实现。根据设计的不同,可能导致具有任意数量的层级和功能的控制结构。

然而,在决策层级结构中,计划任务或决策的数量应该保持在最低限度,因为更多的功能意味着更多的协调。正如在自然层级结构一节中所讨论的,我们创建多个函数是因为:

1) 有些决定需要在特定的时间范围内做出,例如,如果提升或降低工作能力需要 12 周,那么必须有一个至少提前 12 周的计划层级。

2) 由于立即将需求信息转换为详细的工作说明过于复杂,因此必须将其分解为可管理的"块"。

第 2 个原因是通过实施 APS 系统得到补偿,因为具有 APS 的计划员比没有 APS 的计划员能够处理更多的复杂问题,这意味着实施 APS 系统可以形成修改的(或者简化的)计划任务层级结构。例如,在工厂需要多个排程程序来排程生产链的不同步骤时,这些步骤可以组合在生产排程的 APS 中,并由人工排程程序进行排程,比如,需求管理和主生产计划可以结合在 APS 中,由计划员操作。

3.3.3 案例 APS-MP

在 APS-MP 案例中,决策的层级结构如图 3.8 所示。

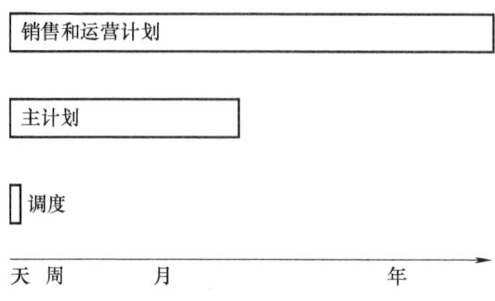

图 3.8　APS-MP 决策层级结构的案例

与自然层次结构相比，因为很少做出设施位置的决定，所以这一点被忽略了。销售和运营计划结合了预测、需求管理和高层级的能力规划，产品可以分配到此决策层级。在下一个层级上，订单被接受，物料得到补充，并在总体规划中计划。计划订单转移到生产前最详细的排程层级，对操作进行排序、批处理，并将其分配给各个资源，更详细地说，这转化为以下决策层级（见图 3.9）：

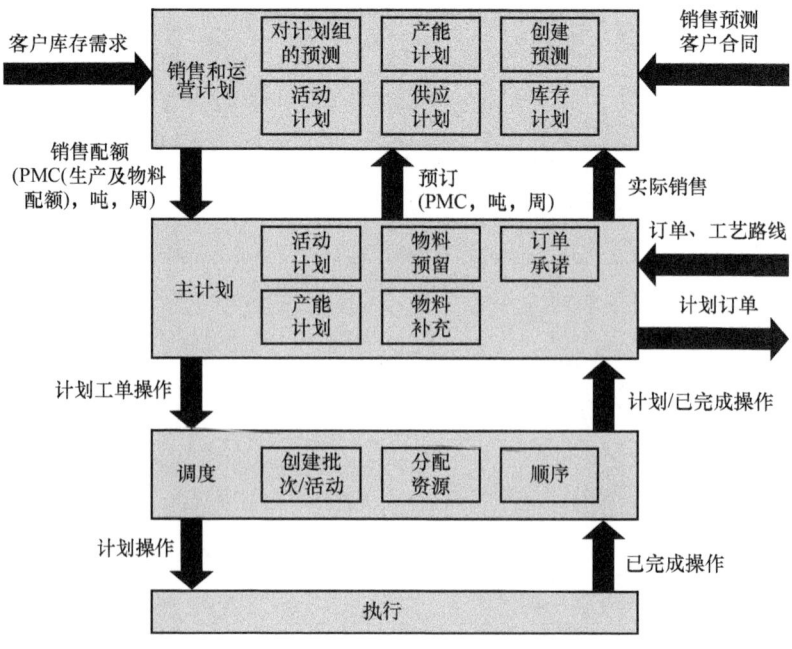

图 3.9　决策层级结构的 APS-MP 案例

分层结构包括 3 个层级，每个层级执行多个决策，在主生产计划层级开始实施 APS 的项目时，应弄清楚主生产计划之上和之下的层级，因为它们向计划层级提供输入/输出。

3.3.4 计划和排程

3.3.4.1 概念定义

从 APS 的角度，计划和排程层级是决策层级的重要组成部分，APS 支持的生产控制功能可以分为两类：计划或排程。然而，如何将计划和排程之间的定义进行区别呢？前面描述的生产控制模型没有明确回答这看似明显的问题。

关于这个问题有两种观点：控制层级中的位置和问题的性质。生产控制模型假设排程是高于执行的最低控制层级，排程通常定义为"及时地将作业分配给资源"。然而，大多数生产控制的功能是将任务或某种工作单元及时地分配给所定义的某种资源。那么，什么时候计划变成排程？为什么只在较低的控制层级这样做呢？

在本书中，我们使用计划和排程的另一定义，如图 3.10 所示。APS 通常不支持排程，但是图 3.10 中包含排程是为了说明概念。如图，计划和排程之间的区别在于时间的表示方式上，这对 APS 的基本原理有着重要影响，换言之，用于排程的 APS 与用于计划的 APS 具有不同的结构和逻辑。

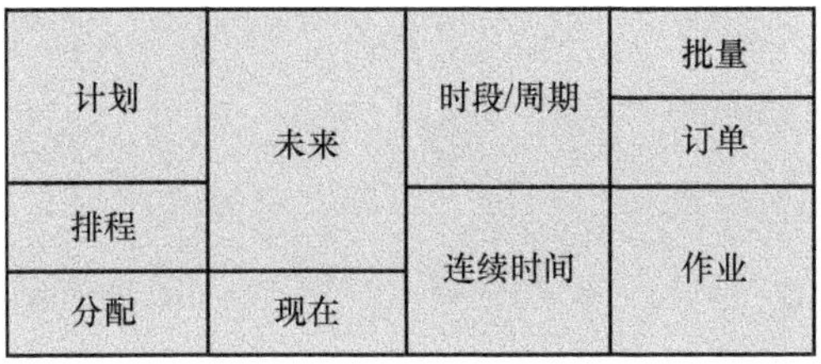

计划	未来	时段/周期	批量
			订单
排程		连续时间	作业
分配	现在		

图 3.10　计划、排程和分配（McKay 和 Wiers，2003 年）

从图 3.10 中可以看出，有 3 种与 APS 相关的控制层级：

1）批量计划：基于聚合资源模式，是一种"不知道"订单以及各计划时段内需求量的计划层级，这通常是销售与运营规划流程层级的。

2）订单计划：这是"订单来源"的层级，基于销售与运营计划，根据更详细的工作能力限制和总体的可用物料，接受和计划订单。

3）排程：这是选择和分配单个资源或员工的层级，是将上述层级的内容翻译为如何尽可能高效地生产。

由于排程是在连续时间内完成的，因此它可用"传统"甘特图表示，即纵轴上是资源，横轴上是时间和代表工作的条形图（见第1.2.2.3节）。对于计划，也可以用甘特图表示，但此类甘特图的时间表基于时段，换句话说，计划甘特图更像是一个表格，这意味着在用于排程的APS中，屏幕上显示的对象、时间逻辑和用户交互与APS计划系统完全不同。

当公司严格按照数量定义的需求（按库存生产）进行工作，并且客户与内部价值链分离时，订单计划可能会被忽略。当公司有比上面提到的3个层级更多的计划层级时，必须有充分的原因，因为它们可能会产生管理费用，并且需要协调和沟通。这些公司可以考虑合并计划层级，以达到最多3个层级。

大多数APS项目都是针对已经在组织中定义的计划层级实施APS，但在另外一些情况下，首先要进行范围界定和体系结构试验，以确定所需的计划层级。不同组织在组织计划方面存在很大的差异，有些组织的大部分计划工作分为两个层级，而其他一些组织则有很多层级。

公司使用多个排程模型对生产系统进行排程时，需要另有一个排程模型来协调上述多个排程模型，建立这样的结构是因为APS技术不允许多个排程程序使用相同的排程模型。有了协调排程模型的APS技术，排程模型就可将计划层级减少一层，因为他们可创建一个包含完整生产系统的排程模型，并且不再需要额外的控制层级。

3.3.4.2 计划与排程的特点

计划可由以下参数表示：

1）计划单位（例如项目、产品系列、批次、资源组）。

2）周期（桶）长度（例如日、周、月）。

3）水平（周期数×周期持续时间）。

4）目标（计划需要实现的目标）。主要的计划任务是：

① 周期分解，这意味着计划产出比输入更详细，因为输入需要细分较小的期间，通常随着时间会从客户处收到更详细的需求信息，这些信息不是预测信息而是与订单相关，这将用于创建更详细的计划。

② 产品分配，当可销售的产品多于可制造的产品时，必须就何时生产哪些产品做出选择。

③ 资源分配，当存在多种资源来生产一个项目时，必须选择哪种资源将生产什么和在何处生产。

④ 物料储备，当需要原物料时，可以选择哪些物料用于哪些项目。或者，当原物料短缺时，必须决定需要哪种物料以及在何时获得物料。

除了周期的长度外，可以使用相同的计划参数来描述排程，它相当于灰色区域，因为排程范围没有固有的限制，排程通常是在较低的控制层级上完成的，可能在几天内完成，也可能是几周甚至更长，在本书中，我们将如下基本任务视为排程的一部分：

排序，由于排程是在连续时间内制订的，可以表示一系列工作，而计划不能。排序是排程的一部分，当没有排序时，不会将这个计划层级命名为排程。

为了支持排程的排序任务，在排程中执行以下两个任务：

1）资源分配，从一组能够执行工作的备选方案中选择资源。

2）批处理/活动，分配用于批处理或活动的工作单元计划时，必须一起处理它们（例如，炉负荷）。

资源分配也是通过计划来完成的，在大多数情况下，资源分配选择的层级要比其在排程中的层级更高，即选择一组资源甚至一个站点，而不是一个特定的资源。在一些其他情况下，由于排程程序具有更精确且最新的可用信息，因此排程会否决计划所提出的建议。

在大多数生产控制概念中，物料分配不是排程或生产单元控制的一部分。但是，几乎所有排程程序在创建排程时都会进行物料检查。在某些情况下，会对作业进行特定的物料分配检查，而计划通常只检查总体水平上的物料，换言之，计划回答了"我们有足够的资源吗？"，而排程则回答了"为这项工作选择哪些物料？"。

3.3.4.3 计划与排程之间的联系

计划与排程之间的紧密性（物流控制与生产单元控制）取决于排程问题的复杂性与物流物料协调的复杂性。例如，在半工艺环境中，必须遵守许多与时间和数量有关的过程约束，才能在所需的规格范围内生产产品，这种情况大多发生在供应链上游，商品是由资本密集型生产厂加工的，例如金属加工和化学加工。

同样，产品在某种特定的形式下可能不稳定，必须输入控制物料的温度，输出物料必须以受控方式冷却，然后才能用作下一工艺步骤的输入。在制订详细的排程问题时，必须明确考虑这些约束，这可能会产生复杂的数学建模问题，这意味着可行的解决方案可能很难找到。在这些情况下，APS系统通过为生成可行的排程提供支持，来提高过程效率和截止期可靠性。

由于要排程的工作与客户订单或生产订单有关，当难以找到可行的计划时，订单接收和订单发布必须与详细的排程紧密相连。因此得出结论，如果不进行集成的话，紧密和复杂的流程约束意味着订单发布决策、详细的排程决策，以及时间和/或数量上的大量缓冲区之间的紧密联系。

考虑到在计划层级上假定的截止期，当任何订单发布和订单接受决策都可以转化为可行的排程时，可将详细的排程从计划中分离出来。典型的情况包括大规模装配、快速消费品和车间环境。

3.3.5 分层聚合

3.3.5.1 产品和物料

聚合产品和物料最常见的方法是定义组或族，这意味着计划的是产品系列，而不是单个项目。这可能会降低复杂性，因为单个项目的数量可能非常大，例如，当客户的特定产品范围都指向了同一项目时，那么对项目进行分组应该是不可避免的。

在大多数供应链中都有流程链，每个流程的物料都是由下游流程再加工而成的。在每个步骤之间，需要为下游步骤提供输入物料，以便开始下游步骤。当项目在聚合层级上计划时，物料预留在该层级，为了避免在材料分配中出现大的错误，有必要对聚合进行仔细的评估。

例如，运输公司需要不同长度的卡车来运输货物，卡车载重量可以聚合，以进行总容量检查。然而，当25%的货物包含比最小卡车更长的产品时，会产生意外的延误，因为卡车的具体供应与需求不平衡（尽管在总体水平上是这样）。另一方面，当以特定卡车长度进行总体规划时，计划又过于悲观，因为在分配详细的订单组合方面仍然存在灵活性，例如可以将较小的产品分配给较大的卡车。

在向下游工作分配物料时，需要确定实际具体任务发生的地点。通常，在较高的层级上，只检查数量或重量，而特定的实物物料不与订单相关联。尽管一些方法认为，物料分配可以在车间完成——这是由精益制造传播的，但在层级结构的某点上必须做出决定。具体任务计划在层级结构中的位置，取决于该计划层级上的不确定性程度和决策的自由度。当一种特殊的材料对一个特定的客户订单来说是非常特殊的时候，这个任务可能是在一个很高的层次上提前完成的，比如光刻机中的透镜。

即使在最低的生产控制水平上，产品等级也可能太高，因为它们由车间生产的较少数量的产品组成。例如，订单被分为几个批次生产，执行每个单独的批次都会得到反馈。对于处于最低生产控制层级的APS，对其物理物料层级进行建模通常是重要的。然而，也有这样的情况，APS忽略了最低层级，车间确保生产的物品具有更详细的物料结构。

3.3.5.2 资源

与聚合物料类似，资源可分为资源组和资源族。因为资源的工作能力是集中的,因此资源分配将变得简单,集中资源的考虑因素类似于聚合项。例如,特定的产品只能在组中的特定机器上生产,这可能会使该产品的聚合计划过于乐观。此外,当资源组中的资源消耗速度存在较大差异时,无法正确地计算出提前期。当其中一个资源的停机时间延长时,需要在资源组内集合能力的可用性中考虑这一点。

对于二次资源,可在更高的层级上决定不进行有限的计划,这使得计划更加简单。或者,APS 可以先进行可用的资源分配,只有当二次资源可用时才开始操作。

资源分配可能受到许多限制:一种资源只能在另一种资源同时运行时才能运行,或者前一种资源需要在后面一种资源可用时才能运行。例如,一个搅拌机需要将物料泵入一个储罐。在较高的计划层级(即高于排程级别)时,通常忽略此类约束。通常假定这些约束在较高层级上不起主要作用,因为它们太复杂无法在高层级加以考虑,然而,有关忽略资源分配约束对更高的计划层级的实际影响我们却知之甚少。

3.3.5.3 路线和方法

当路线或方法被视为一个操作序列时,将一个或多个输入项转换为一个或多个输出项,并可对特定资源执行操作时,其聚合在一定程度上由资源和项的聚合决定。可以在高计划层级和低计划层级的特定资源层级上制订路线,也可将不会在高层级上影响计划的操作排除在路线之外。在高层级上可描述更多的备选方案,例如,某一特定项目可以在多个地点生产,还可以在高层级上进行"制作"或"购买"的决策,这些决策通常不能在较低的计划层级上进行。

3.3.5.4 提前期

订单或操作的提前期是计划的关键因素,它将项目和资源信息结合在一起。生产某物所需的提前期由以下几个部分组成:

1) 处理持续时间,即项目在资源上需要处理的实际时间。
2) 等待时间,即项目等待"轮到"某一资源的时间。

3）生产准备时间，即准备好生产项目的资源所需时间，平均准备时间有时被视为等待时间的一部分。

4）资源间转换时间，即项目从一个资源转移到另一个资源所需的时间，它可以是运输时间、冷却时间等。

提前期可以通过多种方式聚合，在较高的计划层级上，通常还不知道生产顺序，因此在处理持续时间中添加了平均生产准备时间。对于等待时间也可以这样做。事实上，等待时间取决于资源的利用率，在更高的计划层级上，平均等待时间会添加到处理持续时间中。考虑等待时间的变化，可以获得更准确的等待时间。但很少有公司收集等待时间的数据，更不用说考虑等待时间的变化了。

当生产准备时间多并且依赖于产品组合，同时产品组合变化大时，聚合提前期就变得很困难，竞争活动的概念在 APS 实施中臭名昭著，因为竞争活动需要推迟特定产品的生产，直到一组产品可以一起生产。当在排程的较低计划层级上创建和维护活动时，排程程序需要从计划层级获得较长的提前期，以便能充分自由地将正确的订单合并到竞争活动中，但这导致了高的在制品（WIP）水平。高在制品问题可以通过将计划层级转移到更高计划层级来避免。但是，由于排程通常没有考虑顺序，所以必须实施具体功能才能进行计划。例如，必须计划一个占位符，并且该占位符将逐步填充适合同一市场活动的订单。同时存在这样的问题：为了满足向客户承诺的稳定订单提前期，这个占位符需要多大，它应该像正常订单及时移动还是固定移动。

3.3.5.5　时间

有两个与层级计划相关的时间元素：范围和桶。高计划层级需要比较低的计划层级更能在更长的时间范围内做决定；否则，高计划层级就无法指导下一计划层级做什么。

高计划层级和低计划层级之间的另一个区别是，高计划层级通常将时间轴划分为离散阶段，即桶。例如，计划可为每周一桶，范围为 12 周，即由 12 个桶组成，在桶的层级上检查生产能力。这意味着对于每周的桶来说，周一可能会有超负荷，而周三负荷不足会补偿周一的超负荷。只要周负荷与周生产能力相匹配，该方案就可行。

有时，多个桶长度组合在一个计划层级中，例如，前 6 周的每周存储桶和之后 4 周的每周存储桶。这就是所谓的"伸缩"，这种技术可以避免必须将计划层级划分成两个或两个以上的层级。

3.3.5.6 目标

计划层级的目标必须符合两个标准：

1）应与总体业务的关键业绩指标保持一致。

2）应对目标产生影响，使计划水平实现良好的价值。

例如，交付可靠性可能与运营目标相匹配，但当排程程序具有许多下游部门时，交付给下游部门的工作可能会扭曲排程程序实现的良好结果，从而无法实现交付可靠性。

同时，应确保目标在计划和执行之间保持一致。典型的问题是，工厂通常被激励尽可能多地生产，这与订单的及时交付相矛盾。工厂的关键绩效指标（KPI）实际上会使工作更容易推进，以达到目标产量。

应该注意的是，绩效标准的最优值通常是未知的，因为绩效标准是冲突的，并且情况会随着时间而变化。过去高绩效标准可能是由极其容易的产品/订单组合或产能过剩造成的，但现有的好绩效可能会以后期或下游绩效不佳为代价。

3.4 不确定性与计划员

3.4.1 缺失环节

在大多数情况下，由于不确定性导致的复杂性（UI 复杂性）和结构复杂性（S 复杂性），支持供需平衡问题求解的数学模型无法求解到最优解。

例如发生了一些不可预见的事件：不同时间段订单到达的数量不一致、资源中断、物料供应延迟。到目前为止，我们通过假设采取积极的行动来满足与客户商定的性能目标：存储相关数据，使用适当的计划和排程模型，并在需要的时候进行松弛处理。

松弛是缓冲意外事件的方法。但是松弛的作用是有限的：它设置以缓冲95%所有可能发生的事件，但剩下5%的事件可能会导致业务问题，在这种情况下，计划员和排程员应连同管理者一起采取行动，联系供应商以加快其交付，联系客户询问是否可以延迟交付，雇用额外的人员、计划加班、更改路线等。在大多数情况下，这些需要额外成本的灵活选项可以解决业务问题。换句话说，计划员是管理不确定性中缺失环节的具体体现，这与McKay等（1989年）的观点一致。

因此，APS系统设计支持的决策过程，必须考虑到数学模型不能覆盖决策问题的所有方面。这将产生以下APS设计问题：

1）什么样的数学模型可以有效地支持决策？

2）应以何种方式向决策者提出数学模型的解，使其能够决定是修改解决方案，还是修改考虑中的方案。选择方案后再次运行APS系统。

3.4.2 计划员的作用：一个示例

在前面的章节，我们讨论了APS系统的许多方面及其包含的决策功能。决策函数可位于层级结构的任何层级，下面让我们仔细研究一下。假设APS系统支持嵌入数学模型的决策函数，该数学模型通过提供以下元素进行实例化：

1）外部预测，例如需求、处理时间、提前期和生产准备时间。

2）结构：加工清单、物料清单、配给单。

3）约束限制。

4）目标函数。

5）参数，例如安全时间、安全库存和最大利用率。

6）状态信息：在制品、库存、工作计划、工作开始、工作完成。

通过使用算法将这些信息生成解决方案，并将该方案提交给用户，用户通过自身的心理模型评估解决方案，这种评估是隐式的。这种心理模型可能包含 APS 系统无法获得的信息，也可能包含未实现的约束以及额外的目标函数。如果解决方案不能满足心理模型的约束或目标，用户将修改该解决方案。为了做到这一点，有许多可选的操作，如图 3.11 所示。

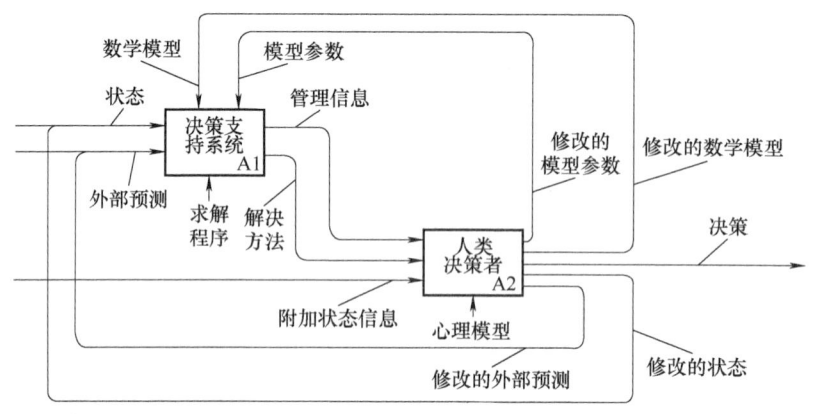

图 3.11　APS 与其用户之间的交互

用户可手动将解决方案修改为最终决策，但这需假设这些更改在合理的时间内是可进行管理的。修改解决方案是因为有更多的状态信息可用，例如最新的关于在制品和现有库存的信息，而不是上传到 APS 系统的信息，这表明所提议的解决方案可能是不可行或非最优的。

如果无法手动修改解决方案，例如由于决策变量的数量（例如发布的订单或分配的作业）变化，通过 APS 系统有许多备选方案可间接修改提出的解决方案。

1）修改外部预测，这可能涉及需求预测、处理时间和生产准备时间。模型输入不同的数据，从而产生不同的解决方案。

2）修改模型参数，这些参数可能涉及安全时间、安全库存和批量。同样，这会改变对解决方案的输入。

3）修改状态信息，这涉及在制品和现有库存的变化。假定系统状态代表现实，这种变化似乎与系统状态本质相矛盾。然而，在 APS 系统中，系统的状态主要表示最近做出的尚未生效的决策：当前正在处理的订单需要在许多机器间排程，但并非所有机器都对其进行了处理；尽管决策状态不变，但该决策尚未生效的部分意味着该订单或作业上的未来活动仍可更改或重新安排，也可以对订单的进入或退出进行排程，类似于在 MRP-I 中。因此状态信息在模型环境和现实系统环境之间有着根本区别。

4）修改数学模型，它涉及更改、添加或删除约束和目标函数。这种更改只能由了解嵌入 APS 系统中数学模型和算法的用户完成。当 APS 系统始终无法提供可行或良好的解决方案时，通常会进行这种更改。

考虑到上述修改，我们发现只有 4 类修改需要理解 APS 系统的算法，类似"白箱"理解。其他修改要求理解 APS 系统的输入输出，类似"黑箱"理解。用户控制着 APS，通过系统输入或状态的特定变化来在解决方案中产生所需的变化。如果是这种情况，只要 APS 系统能够快速生成新的解决方案，就可以很容易地验证它。APS 系统和用户之间的这种交互产生了一个学习过程，随着时间的推移修改了用户的心理模型。但这并不意味着心理模型和 APS 系统模型收敛到相同的现实表现形式，因为一种模型是隐式的，另一种是显性的。用户只需了解 APS 系统对状态和输入的变化响应即可。

3.4.3 通过修改问题创建解决方案

人类对意外事件有具体的应对措施，尤其是避免或减轻特定事件组合影响的措施不能通过数学建模的方式得到，这种解决问题的行为符合 McKay 和 Wiers（1999 年）给出的人工计划任务的定义，同时也在 7.2.2 节中给出。

动态和自适应的迭代决策和解决问题的过程，涉及多个获取信息的来源，并且决策影响了生产的许多方面，以应对当前或预期的问题。

随机模型允许对反复出现的事件进行建模：概率分布只能在假设数据代表某些重复事件的情况下从数据中推导出来。例如，预测误差只能通过假设某种不可观测机制，以相同的方式反复地产生误差来确定，这是"可预测的不确定性"。这种不可观测机制的最佳比喻是让骰子以相等的概率掷出数字1~6。因此，我们可以对许多类型的重复事件进行建模，例如客户订单、故障、补货、生产订单和模型，从而生成大量不同的事件组合。然而，维度惩罚以及模型的表示不可避免会对现实进行抽象，使自动生成用于抵消事件组合影响的适当措施受到阻碍。如上所述，决策者根据模型所提出的措施，可处理一部分情况但不能处理所有情况。

下面仔细探讨了典型的事件和措施组合，机器故障将会导致工作的重新安排；高于预期的需求会导致生产订单的加速工作，但这也会导致另一些订单的延迟。延迟供应会升级到更高的管理层，从而防止供应延迟。如果不记录这些措施是由哪些事件触发，那么利用业务仓库数据回顾，我们可以得出结论，当需求量很大时，生产和供应提前期就很短。当因出现故障而受影响时，需要在受影响的资源处处理的订单就会减少，我们的操作数据将无法以数学建模的方式体现相关性了。

我们需要意识到这是一个严重的问题，上述论证似乎陷入了进退两难的境地：现实的复杂性使得我们不可能对现实世界的转换过程及其操作管理进行数学建模，而转换过程的有效操作管理需要数学模型的支持，明确以下两点是解决这种情况的办法：

1）性能评估是为了验证和校准APS数学模型潜在的运行原理。

2）性能评估是为了在决策者尝试各种可能选择来满足管理层设定的性能目标后，评估最终性能。

因此，我们用（人为）独立干预性能（IIP）措施来校准模型和干预依赖性能（IDP）措施来向管理层报告。这产生了由一个受控系统控制两个相互关联的反馈循环，该系统以可预测的方式运行于其环境中，即使环境和系统本身是随机和动态的。需要处理的典型动态情况包括新产品的引进、市场份额的增加、新的流程技术和业务流程的持续改进。需要考虑的典型随机情况是不可预测的需求波动以及处理时间、故障和供应提前期的不确定性。

为连续地理解实施独立干预性能（IIP）和依赖干预性能（IDP）措施的要求，我们回到图 3.11 中，我们从决策者可以使用的具体干预措施中提取并添加与性能衡量相关的信息流。得出了图 3.12。

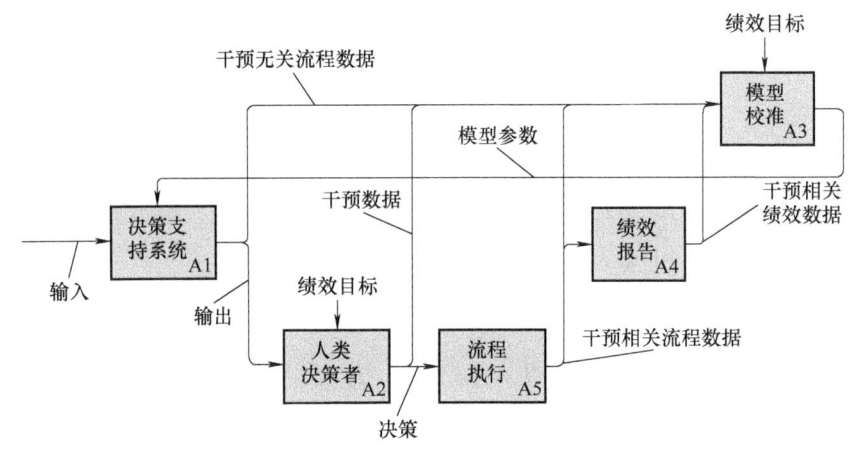

图 3.12　信息流能够进行性能测量和模型验证和校准

值得注意的是，提取的信息流适用于任何决策层级，输入因所考虑的功能而异。下面我们将提供一些有关按库存定制环境中订单处理的详细信息，此过程的输入是客户订单。在主生产计划（MPS）的情况下，决策是 MPS，之后车间排程和执行就会跟进，只有这样我们才能看到与计划完成日期相关的已下达订单的实际完成日期。总体来说，我们需要从不同时间点和不同层级的多个决策中获得干预信息。

可区分为以下步骤：

1）在决策支持系统（DSS）生成初始建议后，将存储计划的过程数据，例如发布或计划的订单、工艺路线和在制品库存随时间的变化，并将数据提供给模型的校准功能。

2）在决策者确定了流程之后，数据与所使用的干预措施列表一起存储，因为这些干预措施不能轻易地从过程数据中减去。

3）在转换过程执行之后，存储实际的进程数据。

4）评估计算性能，报告给管理层并用于模型校准功能。

5）根据初始决策支持系统（DSS）的建议、干预数据、干预后的计划过程数据和实际过程数据定期对模型功能校准，以检查模型的有效性，在必要时调整模型。然后将调整后的模型参数上传到 DSS。

校准过程并不简单，统计技术通常可用于推导实际依赖干预性能和干预独立性能的关系。假设已经确定关系，实际依赖干预性能决定了"正确的"独立干预性能。假设基于 DSS 的数学模型可从独立干预性能中确定模型参数，如资源可用性限制、安全库存、批量大小和名义提前期，则新模型参数可以上传到 DSS。

让我们考虑一个库存管理系统支持的订单处理情况，该系统根据一些标准控制策略自动订购，例如（s，nQ）策略。因为这个过程的平均值、方差和目标完成率已知，所以可假设出（s，nQ）策略的平稳需求和提前期。并假设订单是根据提前期分布到达的，在提前期内发生的需求对补货单的到达时间没有影响。每次库存位置下降到再订购水平 s 以下时，都会订购一个 Q 的倍数，此时库存位置就会上升到 s 和 s+Q 之间的值。

在现实中，无论库存经理是否预测到客户在订单提前期发生缺货，都可以打电话给供应经理，要求将补给订单重新安排到较早的装运日期。因为实际补货过程与模型补货流程存在差异，为避免两者之间的严重差异，假设在独立干预的过程中，存储发生缺货的信息。这些信息用于计算与独立干预相关的性能，例如填充率。此外，还可储存干预导致的 x 天补充订单的时间订单排期信息，但由于产生的补货时间太迟，仍然造成对客户的延期交货。在这种情况下，需求经理可联系客户并再协商订单的装运日期，储存有关新装运日期的信息和有关此干预的信息。最后应明确并储存实际补货订单的到达日期和客户订单的发运日期，图 3.13 描述了这一系列事件和由此产生的信息流。

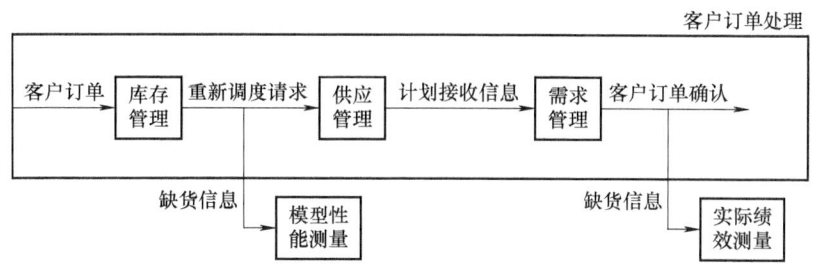

图 3.13　模型校准和管理报告的性能评估

我们假设决策支持系统（DSS）具有正确的算法，可得出给定目标的独立干预填充率，计算出 s，并使用独立干预的数据来验证（s, nQ）模型。根据依赖干预的数据，可推断依赖干预与独立干预填充率之间的关系，它受干预频率和种类的影响。在案例研究中，我们只知道依赖干预的性能和干预的次数。假设（s, nQ）模型中的每次干预都表示出现短缺，可以计算单位时间内可接受的缺货数量并重新确定适当地再订购水平 s。在这种情况下，实际填充率是 100%，没有库存模型能够解释这点，但干预和缺货的联系存在有效的模型。

另外一个出现依赖干预和独立干预性能的典型例子与需求预测相关。通常，需求管理系统根据统计方法进行预测，一旦需求出现，就可计算出独立干预的预测误差，需求计划人员在必要时可修改这些预测，计算出依赖干预的预测误差。比较这两类预测误差，来评估统计预测和人类判断的有效性。

在各种情况下，这种方法都被成功应用，但仍需要进一步的研究来完善验证和校准方法，最终为如何将数学模型与人类判断能力互补结合提供必要的知识基础。

第 4 章

功 能 设 计

4.1 导　言

　　APS 的功能设计是 APS 实施的重要阶段，因为在这一阶段中所犯的错误必须在稍后被更正，否则将会导致 APS 不被组织接受。错误包括：①它正在被使用，但并没有带来任何好处；②它消耗了组织中关键人员的时间，然而也没有得到任何结果。创建功能设计是一项非常困难的任务，设计人员需要不断地就 APS 设计的广度和深度做决定。

　　1）设计的广度取决于 APS 的范围——计划过程中的哪些部分需要支持，哪些部分需要忽略。

　　2）设计的深度由规划过程中每个要素的细节程度表示——细节将在多大程度上纳入系统。

　　在功能设计阶段，APS 设计团队需要描述问题并设计解决方案。在 APS 设计中，问题始终与资源匹配和及时供应有关。APS 是将信息输入转换为输出的信息系统，这意味着 APS 设计者应该确保使用者了解以下内容：

　　1）APS 应该实现什么。

　　2）资源的供需结构。

　　3）APS 需要哪些信息。

　　4）APS 应生成哪些信息。

APS 通常是用于改善供应链绩效的要素，当执行计划时，使用 APS 创建的计划与实现的运营绩效之间应存在关联。APS 顾问需要了解哪些绩效标准必须改进，以确保 APS 支持正确的功能。

4.2 设置 APS 范围

4.2.1 确定计划层级

在某些情况下，从开始就应明确 APS 应该在哪个计划层级运行。这可能是已经充分涵盖了计划层面的现有系统，但在具体层面上存在着差距。例如，有一个处理物料计划和订单接受的企业资源计划（ERP）系统，APS 需要将 ERP 的输出处理成一个详细的工作计划，或在现有的 ERP 系统中通过改进预测进行计划。然而，也存在这样的情况，即多个计划层级同时被一个 APS 支持，可能需要决定从哪个计划层级开始进行，以及如何设计这些层级之间的界限。

关于 APS 的实施应该是自上而下还是自下而上，已经有了很多讨论。换言之，项目应该从最详细的计划层级开始，在完成之后向上移动，还是公司应该使用反向策略，首先实施较高的计划层级，然后再向下实施详细的计划层级呢？后一种方法在过去受到了一些 APS 供应商的青睐，因为他们认为，APS 在实施更高层级的计划时，将获得最大的好处。

我们认为，解决这个问题并没有最佳的策略，但当有选择且其他情况相同时，公司应该从最详细的层级开始，也就是自下而上。这是因为 APS 模型在最详细的层级上与主要过程有很强的关系，这使设计有了明确的锚定点。通过现实世界提供的明确的指导方针，在主要过程附近进行问题界定就不那么复杂了。在优化之前应该进行可预测的控制，自下而上的策略也基于这样一个准则。稍后更高计划层级实施的 APS 将受益于较低层级的计划，因为这将使执行计划和收集反馈更加容易。然而，存在这样的风险，因为存在需求，属于较高层级的功能在较低层级上实现，而较高层级的 APS 还没有实现。例如，当没有用于主计划的 APS 时，排程 APS 系统可以提前几周进行排程，以实现订单承诺。

此外，此策略意味着，当公司没有执行跟踪和控制系统（例如 MES）时，APS 应在这些系统实施后进行。APS 需要这些执行系统将 APS 生成的计划排程传达给执行层级，并获得快速可靠的反馈。APS 可以在没有此类系统的情况下运行，但要保持 APS 的最新状态并遵守排程将会更困难。

4.2.2　将 APS 纳入 ERP 环境

在很多情况下，APS 是为了支持计划或排程过程而实施的，APS 必须能够适应包含 ERP 的体系，因而在企业资源计划系统（ERP）和 APS 之间可能存在职能重叠。因此有必要对其功能做出选择，这基本上可以归结为这样一个问题：系统需要做什么？企业资源计划和 APS 的整合可能是一个复杂的问题，特别是在进行双向集成时，模型会非常不同。要求这两个系统都支持相同的计划决策，且都要遵守相同的时间线，这具有很大挑战性（Hoogenraad 和 Wortmann，2007 年）。本节将重点介绍使用 ERP 和 APS 在创建功能结构时要做出的一些典型选择。

4.2.2.1　资源模型

APS 新用户有时认为 APS 所使用的资源结构是从 ERP 中复制或导入的，然而在实践中却很少出现这种情况，这在一定程度上是因为 ERP 中的资源结构是基于业务和财务管理的。从成本计算和销售订单跟踪的角度来看，ERP 系统需要对成本（利润）水平进行报告，以某种方式定义成本中心及每个操作产生的成本。然而从计划的角度来看，计划员只需要考虑与所选择级别相关的资源。

一些 ERP 系统可以为一个供应链产生多个不同的订单，这取决于这些系统的配置方式，从计划的角度来看，这些订单应作为一个整体加以管理。对计划员而言，当 MRP 生成的订单与 APS 系统进行对接时，它们将造成供应链体系的碎片化,而在处理这些碎片化的订单时,APS 用户通常需要花费很大的精力来管理这些订单并理清它们之间的关系。行之有效的补救办法是让 APS 根据它收到的 ERP 订单创建一个 APS 订单。因此,一些 APS 应当包含这样的功能,即可以将它们从 ERP 系统获得的输入处理为对计划员最有用的计划单元功能。例如,APS 可以将多个 ERP 订单合并成一个 APS 订单,这些订单可以在一次操作中完成计划。

4.2.2.2 工艺路线和方法

工艺路线或方法,指的是如何通过指定一组资源和序列来制造产品,工艺路线和方法因为目标不同,所需的主数据也不同,从这个角度来看,它们最好在 ERP 系统中加以管理。然而,一些 ERP 系统并没有维护良好的工艺路线信息,这可能不仅仅是因为功能缺陷,还有可能是因为用户没有及时更新信息。然而,ERP 系统在更新路由信息时对于用户来说通常不太方便,而且 ERP 中使用的模型可能不适合有效地存储路由信息。

例如,ERP 系统通常具有资源组/资源结构。当在资源组级别上指定工艺路线时,就需要假定组内的所有资源都具有执行操作的同等能力。而实际上,情况往往并非如此,ERP 专家可能会认为,通过使用替代工艺路线或方法(有时称为生产版本),它们可以对所有可能的工艺路线进行建模,这在理论上是正确的,但对于存储可替代工艺路线而言,这将是一个非常低效和耗时的方式。例如有 10 种操作,在步骤 3 上有 5 个不能被资源组/资源结构描述的可选方案,因为资源组有 10 种资源,对于此产品而言只有 5 个资源(10-5)是可选的,而 5 个路线每个分别有 10 个操作,因此这个特定的产品将有 50 个操作将会不得不加入到 ERP 中。当资源在允许的微小偏差之内,同时允许的资源中有 20 个相似的产品时,生产版本的数量就会迅速增加。而在 APS 排程中,通常需要对逻辑进行建模,例如资源 3a 可以处理的数量为 500~750,然后基于操作维度,使得 APS 可以实现 10 选 5 的资源操作。

APS 系统通常也能够管理工艺路线和方法——当它们在 ERP 中不可用

时，APS 系统甚至能够生成路线。此外，有些 APS 系统还可以使用混合方法，其中 ERP 为 APS 提供了一个基本路线，而 APS 向某些操作添加更多细节，将基本路线转换为可计划的路线。例如，化工厂中的批量操作可以在 ERP 中"混合"建模，APS 可以将这一单一操作模式转换为"设置→流入→等待→处理→流出→清除"模式。同样，在企业资源规划系统中，在同样的详细程度上对路线进行建模也许是可实现的，但由于上述原因，维护起来要费时得多。

在大多数 ERP 系统中，很多情况下工艺路线是无法建模的，例如在同一订单或不同订单的操作之间存在时间限制的时候。当上面描述的混合操作需要与另一个订单中的另外一个混合操作对齐时，就不能在 ERP 中建模。同样，当两个不同订单的业务需要在两条具有相同产出的生产线上并行运行时，也不能用 ERP 工艺路线来规划——这种工艺路线在这种情况下只能在 APS 中实施。

4.2.2.3 物料清单

ERP 系统中的工艺路线和方法通常具有模糊性，不适用于 ERP 系统中的物料清单（BOM）信息，这些 BOM 信息大多是准确的。原因是 BOM 信息是用于生成采购订单并正确计算产品成本，因此系统需要更加注重按订单获取 BOM 信息。

这里的特殊情况是由尺寸和质量不同的原材料生产的产品，可以选择使用特定的原材料，其必须遵循的工艺路线也会受到影响。此外，ERP 系统通常不支持将使用同一种原材料的多个订单组合在一起，因此，需要在 APS 中重新设计工艺路线和 BOM，在这种情况下，APS 需要对材料分配进行建模，以便达到以下目的：

1）评估材料是否可用于这个订单。
2）将同一种原材料的多个订单组合在一起。
3）确定下游作业所需材料的特性，如尺寸。
4）使用后期加入工艺路线的剩余材料，并调整工艺路线。

5) 为被拒绝使用的材料计划返工。

6) 计算所产生的产量和废料。

7) 根据 APS 的下游订单补充材料。

4.2.2.4 物料需求计划

物料需求计划（MRP-Ⅰ）逻辑决定了生产最终产品所需的所有材料的数量及所需材料的日期。MRP-Ⅰ使用 BOM 分解作为计算分阶段需求的一种技术（见图 1.6）。MRP-Ⅰ还包括包装材料和其他材料的计划和订购，接下来必须确定的是在 ERP 还是 APS 中执行物料需求计划。

在排程层面上，MRP-Ⅰ将集成到 APS，因为在 ERP 中无法捕获复杂的规则，例如，根据与尺寸、材料特性等相关的规则，可以将使用同一种材料的多个订单组合在一起。在计划层面上，MRP 可能会被合并到 APS 中，因此在供应所需材料时，它可以仅考虑有限的能力。另外，混合模式也是可能的。例如某些物料的 MRP 是由 ERP 完成的，比如包装物料由 ERP 完成，而其他物料由 APS 完成。

4.2.2.5 案件 APS-MP

图 4.1 描述了 Wiers（2002 年）提出的 ERP 和 APS 在一个具体项目中的集成。

APS 执行需求管理的主生产计划、运作计划、工作中心计划和线圈级计划的规划决策。APS 通过接口数据库（IDB）直接与 ERP 和其他系统进行通信，接口的编号及解释见表 4.1。

表 4.1 接口的编号及解释

编号	解　释	编号	解　释
1	需求信息（销售订单、调度协议、预测等）	5	生产订单
		6	已经计划的订单（订单计划）
2	触发路径改变	7	更新分配表（报告代替接口）
3	销售与运营计划	8	MPS 发布信息
4	针对 MTS（按库存生产）、FTO（按订单完成）的库存目标	9	生产进度和详细计划
		10	原材料计划库存（采购确认）

(续)

编号	解释	编号	解释
11	采购订单请求	15	详细的线圈级计划
12	原材料实际库存	16	详细的线圈信息
13	更新订单	17	顺序线圈计划
14	工作调度信息（已经启动的订单）		

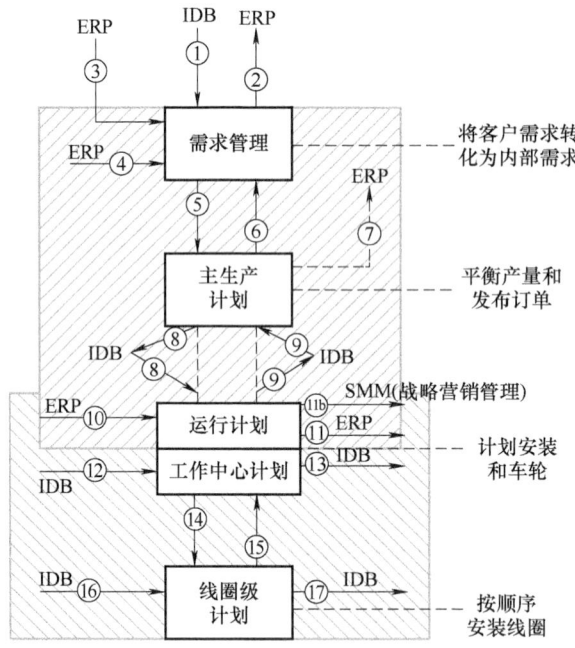

图 4.1　ERP-APS 集成示例

4.2.2.6　案例 APS-CP

连接到 APS 上进行协同计划所需的数据（APS-CP 的输入和输出）如图 4.2 所示，简而言之，我们需要物料清单、工艺路线、包括每个时间单位的计划交货时间和资源可用度、库存、预定入库量和最终产品的需求预测。

APS-CP 系统的输出是以晶圆、相关测试开始、发货，以及所有产品

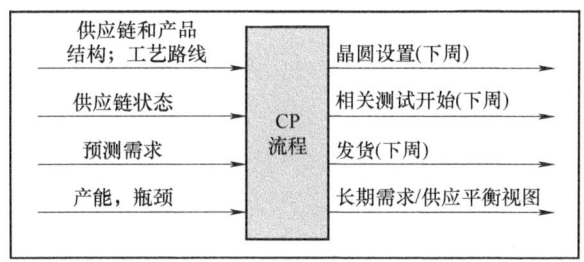

图 4.2　APS-CP 的输入和输出

现有库存计划滚动发布的订单,这些数据有多种来源,包括 11 个不同的 ERP 系统。

4.2.3　工艺路线的生成

在一些公司,APS 的引入令人痛苦,因为很难清楚地看到有关工艺路线和方法不可用的信息,或者仅仅是一种基本形式。例如,公司的 ERP 系统可能将工艺路线存储为资源序列,然而,并没有关于替代资源或替代路线的信息;还有一些公司为每一个订单都创造一条路线,这意味着当订单尚未进入时,基于需求进行计划是困难的,可能是因为公司所采用的旧计划方法不需要像新的 APS 那样详细的路线信息(参见 2.5.4 节)。为了改进工艺路线数据,可采用以下不同的策略:丰富当前工艺路线信息、生成工艺路线和定义工艺路线模板。

4.2.3.1　丰富工艺路线

当需要使用例如替代方案"丰富"当前工艺路线信息时,可以在 APS 中对工艺路线进行建模,这具体取决于所选择的解决方案。由一系列资源组成的工艺路线可能被发送到 APS,然后 APS 根据在其中建模的规则来添加替代资源。

例如,一个操作可能包含资源 A1,APS 现在将考虑 A 组内的所有资源作为潜在的替代品,并删除那些由于技术限制而不可用的资源,如尺寸,APS 现在将允许为这道工序计划多种资源。

丰富工艺路线的优点是它在 APS 中实施起来相对容易。缺点是工艺路线仍然局限于用来决定基本结构的 ERP 路线模型之中。

4.2.3.2 生成工艺路线

生成工艺路线是指根据产品和客户订单的特点，使用规则自动生成工艺路线。例如，在金属工业中，轧制道次和循环退火的次数在某些情况下可以通过使用有关合金、运输条件和规格的信息来确定。在化学工业中，有时可以从配方中衍生出一条路线，例如按特定顺序添加一系列物料（剂量）。

生成工艺路线的优点是它是一种相对高效的存储工艺信息的方法，并且它限制了需要存储的工艺路线信息（在 APS 中）。缺点是，很难在所有情况下创建生成正确工艺路线的通用规则，这些规则大多都是从工程文档中获取的，由技术人员按产品或订单对其进行解释和应用。在将路线应用于生产设置之前，需要对产品进行测试，这意味着依照规则生成的新工艺路线将不会被工程师批准。

4.2.3.3 工艺路线模板

如果无法获得特定产品的工艺信息，并且无法生成工艺路线，那么在这种情况下可以使用工艺路线模板库。当需要做产品计划时，就根据过去执行的生产路线进行，在这种情况下，必须使用匹配算法将正确的工艺路线模板连接到正确的产品。

使用工艺路线模板库的优点是它接近于许多公司目前的工作方式。缺点则是模板库可能变得非常大并且充满了冗余的信息，而且那些不再使用或应该更新的路线模板会产生繁重的维护工作。

4.2.4 系统架构设计

4.2.4.1 准则

以下是与 APS 系统的架构结构设计相关的几点内容。

1. 功能

在将功能分配给 APS 或其他系统（通常是 ERP，但也可以是 MES 或其他类型的系统）时，应该考虑哪个系统最能够支持相关的业务流程。此外，应尽量减少功能的复制，ERP 系统通常是以面向批量处理的方式处理来自大量用户的管理事务，而 APS 系统是以面向连续生产的方式，为支持少数用户的计划和排程任务而建立的。例如，如果 ERP 中的计划发生了变化，系统通常必须在一夜之间进行计算，并且在第 2 天早上就可以得到完整的结果。APS 虽然可以立即显示更改带来的影响，但是，当大量（历史）数据保留在 APS 中时，系统的性能将会很快变得不可用，APS 系统具有以图形的方式向人类展示信息的强大功能，而 ERP 系统主要依靠文本的方式来显示。可以说，ERP 最能支持一个业务流程，在这个流程中，小部分信息是在许多或多或少的顺序步骤中创建的，APS 系统用于处理大量相互关联的相关数据。

2. 公司准则

许多大型组织已经制订了一套关于 IT 架构设计的指导方针，这可能会对允许 APS 提供的（组合）功能和允许与其连接的系统产生影响。许多公司都有"SAP-unless"策略，这意味着在考虑其他程序包之前，应该先在 SAP 标准功能中寻求对任何业务流程的支持。虽然这是一种常用的策略，但从未证明这是实践中进行架构决策的最佳方法，可能会有更简单的方法。从个人的观察和与专家的讨论中可以推断，这种策略实际上非常狭隘，它貌似并没有评估其有效性，就只是模仿同行公司，而无论如何，架构永远不应该是面向供应商的。相反，它应该以最好的方式来支持业务流程，而不是从所有者总体成本的角度来考虑最小的成本，其中成本包括许可成本、实施成本、维护成本和归因于 APS 系统的额外利润。

3. 健全设计原则

在创建体系结构时，应该使用健全设计的原则，例如应该有一个系统来引导一条信息，再例如计划订单的开始日期和结束日期。

4. 标准

一些公司会使用结构框架，如 ISA 95（见图 4.3）或内部开发的结构标准。

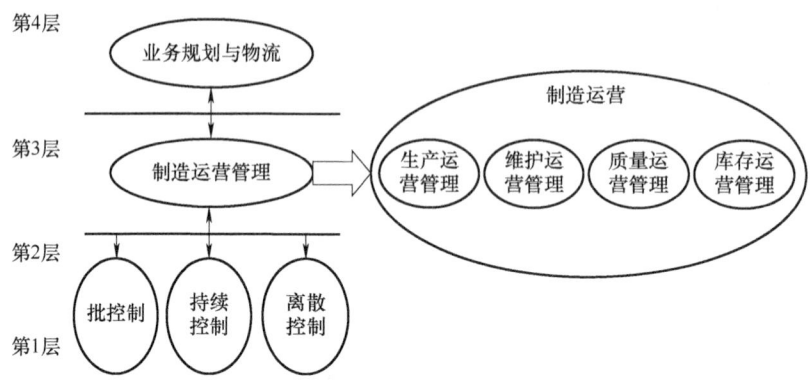

图 4.3　带有 3 级进程的 ISA 95 体系结构（ANSI/ISA 95.00.03-2005）

4.2.4.2　架构设计问题

以下是在包含 ERP 系统的平台中安装 APS 时必须要做的典型的决策问题。

1. 在哪里发布命令

对于 APS 系统来说，订单是具有截止期的产品数量，然而，ERP 系统通常会区分在每次 MRP 运行中可以重新生成的计划订单（柔性订单）和不再重新生成的生产/流程订单（固定订单）。在 APS 的实施过程中，可能会产生一个问题，即应该向 APS 发送什么样的 ERP 订单，当计划在 APS 中的日期与在 ERP 中记录的日期不同时，ERP 系统在收到反馈后应如何处理这些订单。

在任何情况下，都应该清楚哪个系统对特定对象或对象的某些部分拥有所有权。这意味着当在 APS 中规划订单时，此类订单的时间由 APS 控制，并且不能由 ERP 更改，相反的，订单数量可能仍然归 ERP 控制。

当 APS 拥有计划订单的所有权时，无论是通过计划订单还是生成订单，都可以选择是否需要将计划中的订单反馈给 ERP。当必须根据在 ERP 中管理的 APS 生成的计划订单（如采购订单）生成其他订单时，可能需要这样做。而另一种可能是，计划中的订单是由 ERP 系统中的 MRP-Ⅰ生成的，并且不被发送给 APS，而只向 APS 发送生产/流程订单。只有在短时间内与 APS 有关联时,例如排程,这种设置(见图 4.4)才可能是一个不错的选择。

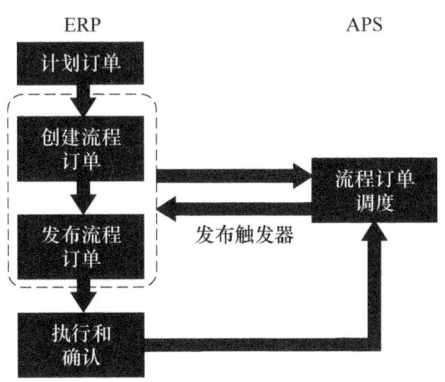

图 4.4 ERP 和 APS 之间可能的计划/流程订单交互

当 ERP 和 APS 中存在相同的订单时,APS 有可能将计划信息(即开始日期和结束日期)发送回 ERP。然而,也可以认为 APS 不需要将计划或排程发回 ERP,ERP 只有在订单执行后才能得到反馈。当选择这样的方法时,需要评估(购买的)材料是否仍能及时交付,例如,当订单安排在 APS 中的 ERP 开始日期之前时。

一些 APS/ERP 接口使得 APS 触发从计划订单到 ERP 中生产订单的更改,或者触发了生产/流程订单的发布,如图 4.4 所示。

2. 在哪里进行物料分配

在大多数 ERP/APS 设置中,ERP 通过生成采购订单来订购物料,但将特定采购物料分配给特定订单的却是 APS。在某些情况下,APS 会触发生成采购请求/订单,这可能意味着在 APS 中通过建模来做出购买决策。当 APS 需要关于物料可用性非常具体的信息时,可能需要从制造执行系统(MES)中获取这些信息,因为 ERP 系统通常不能收到物料当天的具体时间和地点这样的具体信息。

3. 在哪里创建计划单元

对于 MRP 计划,计划的单位是生产/工艺订单。在 APS 系统中,计划单元可能与 ERP 中的计划单元相同，这意味着计划单元是由 ERP 创建的。然而，在许多情况下，APS 中的计划单位是不同的：它可能是（部分）ERP 订单、一部分 ERP 订单的组合，或者根本没有相应的 ERP 订单，例如，在 ERP 中还没有订单的计划或排程预订时。

创建计划单元可能是一项微不足道的任务，但也是一项复杂的任务，需要 APS 的决策支持。一个典型的例子是一块物料（如纸张或金属）上的订单组合，其中物料上的订单配置对产生的废料量有影响。ERP 系统不支持此类计划任务，在这种情况下，应在 APS 中创建计划单元。为了生成对 ERP 的正确反馈，APS 将把计划反馈单元转换为计划 ERP 单元，即订单。

4. 在哪里创建预订

在一些计划环境中，公司知道某些客户订单将要到达，包括数量、截止期和产品，但是客户只能在晚些时候输入订单。不过为了确保订单到达时有足够的产能，销售团队可能会提前输入预订。对于 APS 来说，这类预订具有类似于订单的性质——一种有截止期的产品数量。因为在某些时候，当实际订单到达时，必须对预订进行删除或调整，因此维持预订的最符合逻辑的系统是 ERP 系统，因为 ERP 系统通常持有订单。但现在，这些预订就好像同正常订单一样，都是在 APS 中规划的，也许同时还执行了一些额外的规则，例如最早的预订不能早于现在所附加上的特定的范围，必须实施一个可以维持预定的程序，否则它们将消耗产能和材料。而与此同时，预期的客户需求可能已经消失，或者已经通过实际订单得到满足。

产能的预留也可以建模为每个周期的一个条件，这意味着当空闲产能减去预留产能不足以产生订单操作时，APS 将推迟订单。这可以在接受订单时进行，例如某一特定时期某一产品系列的最大数量，也可以在产能规划阶段进行，这意味着每种资源的能力实际上都是经过调整的。前一种情况的缺点是只在接受订单时进行检查，之后订单可能被重新计划以消耗保留的容量。后一种方法能够确认容量确实是可用的，但在路径长且复杂、瓶颈不断变化的情况下，就不太适用了。

5. 在哪里维护日历

只有在极少数情况下，ERP 日历才会自动与 APS 共享，造成这种情况的原因有几个：

1) 由于 APS 资源结构比 ERP 系统更详细，指示资源可用性的日历也更详细。

2) 有用的日历数据的数据量和传输频率不足以证明接口的合理性，输入日历数据通常是 APS 系统中的快速工作。

3) APS 日历用于不同的目的，例如可指明某一特定时间段内的效率降低，或维修间隔可能未在 ERP 日历中输入。

当资源定义相同或可比较时，可以选择在一个 APS 模块中维护日历并将其导出到其他模块。

6. 在哪里维护共享主数据

严格地说，主数据只能存储在一个位置，这个位置可能是 ERP 系统（当其存在时）。然而，通常不存在这种完美的情况，所以应该根据具体情况来采用实用的方法。例如，关于资源连接的规则可以看作是主数据，但是 ERP 可能没有正确的模型结构来捕获数据，一些主数据存在于 ERP 和 APS 中，如资源数据，但是数据量和资源数据的传输频率不能证明连接是合理的，毕竟机器不是每天采购或拆卸的。应该注意的是，APS 中的主数据量在每个应用领域都是不同的，例如，多资源人力计划系统可以包含大量有关员工的信息，比如休假待遇或设备（如工具）。

4.2.5 关于状态信息的反馈

在分层生产计划（HPP）中，指令从较高的计划层级发送到较低的计划层级，而较低的计划层级则将这些指令是如何实现的信息发送到较高的计划层级。虽然从理论上讲，较低层级应该简单地遵循较高层级的指导，但反馈之所以重要，有以下几个原因。首先，较低层级可能存在不确定性，这意味着必须调整计划。关于不确定性的信息通常在较低层级上比在较高层级上获得的更早,而这些信息到达较高层级所需的时间越长,计划和现实之间的差异就越大;其次,由于较低层级有更为详细的模型,因此预期永远不会完美,他们可能会看到比较高层级的指导创造更好计划的机会;最后,员工更愿意对自己的工作有一定的自主权,并且更愿意自己决定计划。

有几种反馈可以从较低的计划层级发送到较高的计划层级,主要的反馈类型如下所述:

1)完成。当订单或操作完成时,反馈信息会被发送到更高的计划层级。关联的订单或操作现在可以从计划中删除。

2)进展。当订单或操作的一部分完成时,就会将信息发送到更高层级,上级计划层可以更准确地估计订单或操作准备就绪的时间。

3)资源决定。当在低级计划层上选择不同的资源时,可以将此信息传递给较高的计划层级,因此可以相应地做出计划更新。

4)数量。当生产的数量(或质量)与计划不同时,可以将其发回更高的计划层级。因此,可能需要生成额外的订单以弥补丢失的数量,同时调整下游的处理时间以考虑更改的数量。

5)物料消耗。较低的计划层级可将特定物料分配给订单或工序,并将其传达给较高的计划层级,较高的计划层级将从可分配的库存中删除这些物料。

6)资源状况。当一个资源发生故障被搁置时,可以传达到更高的计划层,以考虑减缩产能。

处理反馈本身就是一门艺术,当反馈与计划或进度不一致时,可能会导致许多问题,因为需要根据反馈来定义如何更改计划或进度的规则。

例如,资源 R 上不允许使用产品 A,但是反馈告诉 APS 这种情况确实发生了,或者在 B.1 之前 A.1 已经生成了,但是在 B.2 之后 A.2 已经结束,并且在执行操作 1 和 2 的资源之间存在固定连接,这使得反馈情况在物理上是不可能的。

对于劳动力规划，反馈非常重要，因为这会影响工作和休息规则，而APS 必须尽可能地使用这些实际值。当反馈不完整或不正确时，这可能再次成为挑战。

4.2.6 部署策略的确定

当同一 APS 有多个上线时刻时，就需要设计一个部署策略。部署策略的设计并不是一门精确的科学，而是需要应用经验和常识，这里提出的战略是以经验为基础的，同时将提出一些已经在实践中被证实的替代方案。

部署策略应着眼于：

1）在最短的运行时间内完成尽可能完整的 APS。其中应该避免这样的情况：APS 在 5 个站点上运行，而第 6 个站点需要在设计中加入一些非常具体的要求，因此，在部署计划的早期最好要选择复杂的站点。

2）为了降低项目的复杂性，可以从一个简单的站点开始，然后再到复杂。完成此操作后，所有后续实现都将变得更加容易，因为实施的是一个复杂的站点，所以在某些站点的实时运行情况下，对模型的更改将减少。

一个策略就是旨在最大限度地减少已经存在的模型的更改次数，当一项实施需要对另一个站点的实时运行模型进行更改时，这些更改可能会破坏站点操作。这意味着需要进行更广泛的测试，并且可能有更高的中断风险。

在 APS 项目中，可以以不同的方式考虑多站点部署：

1）可以考虑在问题分析和解决方案设计阶段包括多个站点，然后逐个站点进行构建、测试和上线。主要的根据是站点之间的相似程度，这一阶段可能发生许多变化，当有许多共同点时，APS 可以在一个站点上开发，然后扩展到其他站点。当存在重大差异时，多个站点必须加入到问题分析和解决方案设计阶段。在这种情况下，建议在问题分析和解决方案设计阶段中包含一部分站点，这些站点一起代表所有站点预期的全部复杂性，这可能意味着这一阶段将耗费更长的时间，因为需要根据不同的情况和意见进行调整，然而这样做通常会在项目的后期阶段得到回报。

2）需要确定哪些站点先实施，哪些站点随后跟进。为了促进 APS 的实施，采取的一种战略可以是从当地情况最好的站点开始，这意味着对于 APS 有一个真实的、可感知的业务需求，数据处于良好的状态，并且有可能召集一个熟练的团队来实施。

在多个站点中实施 APS 时，所有站点具有相同的体系结构是有好处的。在 ERP 方面，当多站点 ERP 基于一个内核时，其实并不是什么大问题。当使用旧版 ERP 时，就必须努力通过中间件来收集所需的信息。此外，制造执行系统（MES）在不同的站点之间可能有很大差异，可能需要额外的工作来构建一个通用的数据管理系统，该系统可以收集所有本地信息并与 APS 进行交换。

4.3　详细设计

4.3.1　前景

一个 APS 详细设计的创建，可以通过不同的方式来完成，在所有情况下，这一阶段的结果应该是：

1）决策支持的功能设计。

2）支持功能设计的数据模型。

3）GUI 元素的描述，例如可视化数据模型和启用功能的屏幕和对话框。

由于 APS 是面向 GUI 的系统，所以其功能和 GUI 设计是高度相关的，比其他类型的信息系统（如 ERP）相关程度更高。通过设计 GUI，可以清楚地了解需要哪些功能和用户交互，而在设计功能时，最直接的问题是在哪个界面将该功能呈现给用户或与用户交互。或者，当设计 GUI 时，可能会发现不需要某些功能。例如，当 APS 包含一个具有分段时间线的甘特图时，提供更改单个订单或操作顺序的功能是没有意义的。

类似地，对象模型用于支持 APS 提供的功能，同时明确指出需要设计创建或更改某些对象的功能。例如，当对象模型包含由驾驶员驾驶的卡车执行行程对象时，需要定义创建行程的功能。

虽然功能、对象模型和 GUI 是紧密相关的，但是在创建设计时，可以从不同的角度来指导另外两种设计的定义。图 4.5 说明了这一点，并进行如下解释：

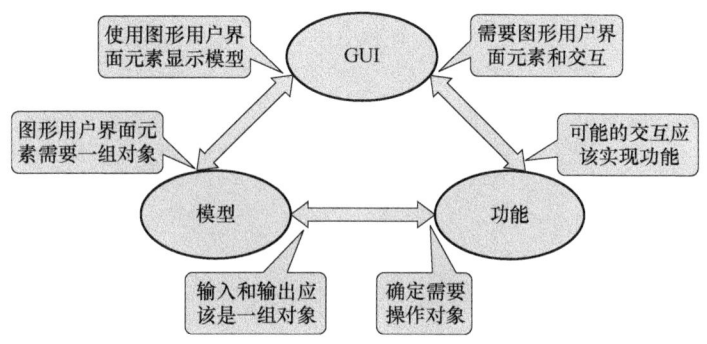

图 4.5　APS 设计展望

1）功能。将规划过程作为设计 APS 的起点，由于在大多数情况下都可以观察到这个过程，所以这可能是最常见的方法。在需要多步骤来执行计划过程的情况下，流程驱动的方法是很有用的。例如，在规划劳动力时，有一些步骤与确定每项技能所需的资源能力、确定轮班、将轮班分配给周期性模式，以及将模式分配给单个员工有关。又或者，"传统"生产排程问题通常只有 3 个步骤：创建要计划的作业、分配资源和创建序列，这使得模型透视图成为较流程驱动法更可行的一种方法。

2）模型。当非常清楚哪些数据应该进入 APS，以及应该生成什么数据时，就可以采取数据驱动的方法。在某些情况下，APS 所需的功能和所需的 GUI 可以从流向 APS 的数据以及从 APS 发送到外界的数据中派生出来。

3）知识驱动。通常，一些规划问题大量地利用了特定领域的知识。在这种情况下，可以先对知识进行分析，然后再设计其他系统元素。例如，决定要生成的批次取决于创建配方的一个复杂的化学模型，此种方法被视为模型驱动方法的特例。

4）GUI。在一些计划或排程环境中，用户使用笔和纸张、磁板或电子表格来表示（一部分）计划问题。在这种情况下，用户可以通过解释他们想如何使用这个用户界面来表示他们所需要的内容，APS 顾问可以将此用户界面作为起点，从其中的元素派生出部分对象模型，并根据与用户界面的交互来定义功能。在某些情况下，APS 顾问可以先创建原型系统，然后使用这些系统从用户那里提取需求。

在某些情况下，应该更换现有的系统，现有的系统可能基于关系数据库、一些用户界面元素。显然，APS 顾问应该尝试使现有系统所支持的过程合理化，并力求改进 APS。

4.3.2 详细程度

在设计过程中，APS 顾问经常面临一些潜在的系统功能，这些功能可以包含在设计之中，也可以被排除在设计之外。平衡简单性和细节性之间的设计工作是 APS 项目中最困难的部分之一。一方面，APS 顾问应该努力建立一个易于构建和使用的系统，已经实现但没使用的功能则是一种浪费。另一方面，用户不使用系统还可能是因为系统缺少一些基本功能。

为了确定合适的详细程度，任务分析可以是一个很好的指导原则，如果在当前情况下没有明确计划或排程某事，这可能表明不应将此事包含在 APS 中。当某件事永远不会成为（暂时的）瓶颈时，为什么还要为它制订一个详细的排程呢？另一个指导原则可以是 APS 的业务案例，当某事对于实现业务案例很重要时，那么此事有更强的理由存在于 APS 系统中。在 APS 设计阶段可以使用的经验法则是：当有疑问出现时，不要理会。当某些东西被忽略了，然后得出的结论认为无论如何都需要它时，那么它可以被添加到系统中。在这些事情没有被包括在最初的设计中时，是否需要额外的投入完全取决于具体的情况。然而，当某些东西已经开发出来但是没有被使用时，这些投入就被浪费了。经验表明，功能缺乏与其说是不使用系统的原因，不如说是功能过多的原因。

4.3.3 问题分析

4.3.3.1 战略和目标

APS 顾问应该首先弄清楚公司的运营战略是什么，以及如何通过更好的生产控制来影响这一点。换句话就是，管理层当前所经历的生产控制方面的问题是什么，以及公司希望在未来几年中如何改变。明确了这一点后，就应该将注意力转移到供应链管理、生产控制方面，更具体地说是计划和排程。我们应该明确以下几项：

1) 公司产品的客户订单的解耦点是什么？
2) 如何制订或做出决策？
3) 什么是重要的客户和战略产品？
4) 如何调整产能？
5) 销售和生产如何就销售和生产内容达成协议？
6) 订单承诺策略是什么？
7) 该公司是否会采用集中或分散的方式进行计划和排程？
8) 公司希望在供应链管理的哪些方面将自己与竞争者区分开来？

应该明确的是，APS 能在计划和排程问题上做出多大程度的贡献以及哪些问题是不能由 APS 解决的。例如，当工厂中存在许多不确定性时，APS 无法产生一个可靠的并且不会改变的计划。然而，在这种情况下，可以使用 APS 根据操作中正在发生的事情来快速修改计划。

4.3.3.2 主要流程概述

当项目的战略背景明确后，APS 顾问要对 APS 需要解决的问题有一个概述。当 APS 打算计划或安排生产系统时，APS 顾问应该从了解设施开始。在此之后，应依据特点列出所有相关资源。通常，对于计划和排程，以下几种问题是相关的：

1）是什么决定了资源速度/持续时间或行程、任务和轮班的持续时间？

2）当产品的资源发生更改时会发生什么情况？会进行设置和清除吗？

3）如何确定工艺路线？是一个操作列表还是一个网络？每个订单是可重复的还是都是互不相同的？

4）谁能执行什么样的任务？有什么技能或资格？

5）是否需要考虑休假计划？

6）批处理是否涉及资源的计划或排程？

7）是否同时需要其他资源，比如人员、工具？

8）是否可以将产品从其他资源传输到一种资源？

9）是否存在储存能力有限的储存区？

10）在使用资源方面是否有任何特别规则？

有关供应链相关部分的产品（items），也可以提出类似的问题。（请注意，这些产品也可以是运输或维护工作等服务）：

1）产品种类是什么？

2）哪些是 A-B-C 产品/客户？

3）产品结构如何？它是在哪里储存和维护的？

4）产品是否按客户订单或匿名生产？

5）产品易腐吗？

需要注意的是这些问题清单绝不是详尽无遗的，它们在于说明应该问什么样的问题。这类分析应该包括对供应链交付时间产生影响的各个方面。在稍后的分析和解决方案设计中，影响供应链交付时间的每一个方面都应该包括在分析中，主要流程的描述将作为所有已定义功能的锚点。过程可能被错误地定义，启发法可能基于错误的假设，但主要过程本身是对现实世界的最佳呈现。

4.3.3.3 案例 APS-CP

图 4.6 显示了 APS-CP 情况下的大容量电子元器件供应链。专用集成电路（ASICS）用的晶片，即带有集成电路的晶片，被下发到用来生产模具的扩散部门。在装配和测试设施中，将模具切割、组装成壳体并进行测试。接下来，将集成电路发送到 EMS，EMS 将集成电路和其他组件一起安装在印刷电路板（PCB）上。在多个不同的 PCB 上安装多种类型的 ASICS，这些 PCB 与其他模块在 OEM 工厂组装成最终产品。从晶片的释放到扩散直到成品交付市场，这整个过程的运行时间从 20 周到 30 周不等。

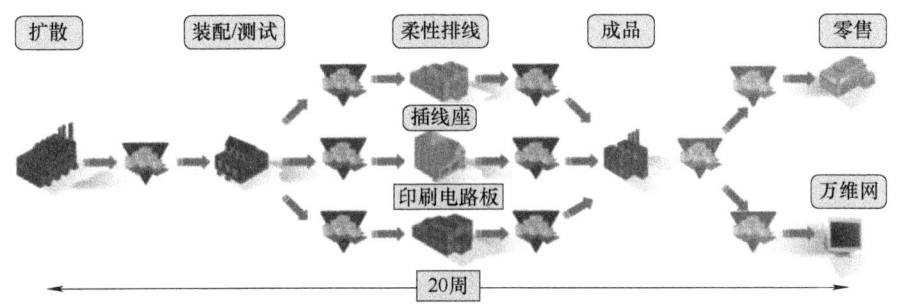

图 4.6 大容量电子元器件供应链

该模型用于协同计划工具中，在 S&OP 计划层级上运行。

4.3.3.4 任务分析

在实施 APS 之前，计划过程是完全手动执行的，或者得到了其他信息系统一定程度上的支持。任务的结构方式可能很随意，因为执行任务的人员可能只是找到了一种可行的方法来创建必要的输出。但是，详细的分析任务很重要，因为：

1) 它为 APS 顾问提供了许多关于计划问题中容易和困难部分的线索。

2) 它将显示问题的哪些内容是密切相关的，哪些是不相关的。

3) 计划员将在电子表格或其他工具中创建阐明潜在解决方案设计的计划。

4) 它们向 APS 顾问显示使用了哪些特定信息以及在哪里可以检索到

这些信息。

然而，现有的任务可能具有高度的主观性、偏倚性和次优性，因此所有任务分析的结果应在以后通过深入研究实际的信息结构和基本过程时进行核对。尽管如此，任务分析将清楚地表明，没有什么是被遗忘或监督的，并指导 APS 顾问以更严格的方式调查可能困难的部分。

在进行任务分析时，APS 顾问首先对创建计划所采取的所有步骤进行概述，这是通过以下方式描述每一项计划任务来完成的：

1）信息投入。

2）信息产出。

3）知识、业务规则和参数。

4）执行任务的详细过程。

APS 顾问应该在每个任务生成的输出与下一个任务所消耗的输入完全相同之后进行检查。这样，就建立了一个完整而连贯的任务模型，在 7.2 节中给出的任务模型可作为参考。

4.3.3.5 信息平台

APS 顾问需要确定向 APS 提供的输入或需要 APS 生成的输出的所有信息系统，以及与此相关的各种各样的系统，最常与 APS 交互的两种系统是：

1）企业资源计划（ERP）。ERP 系统具有广泛的功能，APS 中与之相关的是对订单生命周期的管理及库存管理。通常，APS 系统从 ERP 接收订单信息，包括工艺路线和物料清单（BOM）。

2）制造执行系统（MES）。这种系统被用来控制和跟踪生产活动的执行情况。APS 系统通常将计划或排程发送到 MES，并接收有关计划执行的反馈。

图 4.7 显示了 ERP、APS 和 MES 之间可能的交互，其中每个标注表示要交换的一组实体。

与 APS 系统交换信息的其他系统包括仓库管理系统（WMS）、传输管

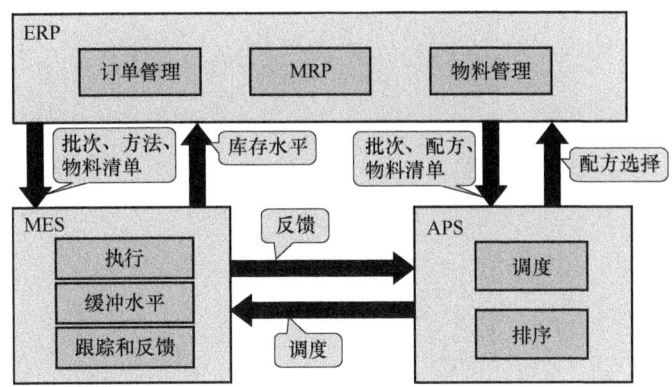

图 4.7 APS、ERP 和 MES 平台简化示例

理系统（TMS）、中间件和 Web 应用程序，在某些情况下，电子表格中的信息需要连接到 APS。

4.3.4 解决方案设计

4.3.4.1 数据模型

APS 的模型通常被描述为实体关系（E-R）模型或对象模型，该模型指示 APS 中需要哪些对象来执行所需的功能和要显示的信息，并明确了应该导入和导出哪些信息。图 4.8 显示了一个非常简单的实体关系（E-R）图，我们将在这本书中使用它来阐明相关的概念。

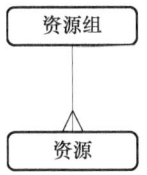

图 4.8 实体关系（E-R）图

图 4.8 显示有两种实体或对象类型，即资源组和资源，其中连线表示资源始终完全属于一个资源组，资源组可以包含一个或多个资源，我们将这种模型称为 E-R 模型或数据模型。

数据模型对于理解 APS 可能发挥至关重要的作用，基于 APS 中不存在的对象或对象的结构不允许某些功能来定义规划功能是没有意义的。此外，当对象没有建模时，它们便不能在甘特图或 APS 系统 GUI 的任何其他部分中呈现。数据模型还明确了 APS 在公司系统环境中的总体作用。当另一个非 APS 系统期望接收附有计划日期的操作时，这些操作也应该存在于 APS 中，所以它们应该可以从 APS 中导出。

例如，假设应该设计一个详细的排程应用程序，该应用程序通过 ERP 系统的路线接受订单，并且必须将排程操作发送到车间。这意味着 APS 对象模型至少应该有以下对象类型：订单、操作（工艺路线是一组操作）和机器。订单、操作和机器都是直接导入的，但是 APS 应该生成非直接导入的计划开始和结束时间以及对资源的选择，因为这些信息是车间需要的。这意味着 APS 需要做出两个主要决定：为每个操作分配资源以及设置开始和结束时间。但是，在 APS 中设置的并不是操作的开始和结束时间，而是 APS 使排程程序在机器上创建操作序列，并根据每个操作的顺序和处理时间导出开始和结束时间。

上面的示例表明，APS 设计是基于包含 APS 派生的导入对象、对象（或属性）和用户在 APS 中进行决策的对象（或属性）的对象模型。下面的模型（见图 4.9）显示了示例中描述的情况。当对操作进行排程时，即资源和操作之间存在关系时，操作将会有开始和结束时间以及资源上的序列。

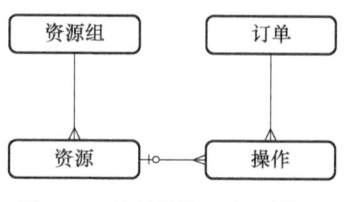

图 4.9 简单的资源序列模型

在许多情况下，计划或计划的实体是从外部系统导入的。然而，这并不意味着这些实体可以这样规划：它们可能必须转化为其他计划单位。例如，一个订单可能包括 1000 罐油漆，但这数量远远不足以填满一个标准搅拌机，这意味着对订单的操作需要组合在一起才能创建一个批处理，这将导致如图 4.10 所示的模型。

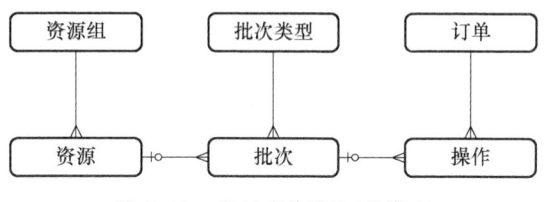

图 4.10 批处理资源订单模型

4.3.4.2 计划决策

尽管设计过程可以像前面描述的那样是面向功能的、模型的或 GUI 导向的，但是 APS 设计应该围绕着被支持的计划决策或任务，与第 3 章中描述的决策层级结构保持一致，得到 APS 支持的决策应具有以下特点：

1) 有明确的输入和输出（对象模型反映了这一点）。

2) 可以在所有可行的备选方案之间做出选择。

3) 可以根据具体的业绩标准来评价这一选择。换句话说，有些选择比其他的好。例如，在创建计划时，机器上的订单序列将影响机器上的设置时间，因为一般应该尽可能避免设置时间，所以这可以作为排序任务的性能指标。

4) 对其中一个备选方案的选择不应该是微不足道的，因为这意味着可以用一个简单的编码函数来推断出选择，通常做出决策需要一些特定领域的知识来支持，例如关于哪种机器的知识可以产生哪种机器的某种特性。

APS 顾问应该以被支持的计划任务为起始来投入到设计工作中，因为这些计划任务可以用来构建设计。通常，APS 有 5～15 项计划任务，APS 顾问应该仔细选择计划任务的名称，并努力寻找一个动词组合的名称，例如"创建、分配、序列"和受计划任务影响的主要对象或对象集的名称。

对于 APS 系统，计划任务通常很简单，例如：

1) 创建作业单。通常，从 ERP 系统导入的订单不能按计划安排，因为在车间，通常使用的是不同的生产单元，例如一批或一块输入物料。在这种情况下，APS 必须通过组合或分割订单数量或件数来生成计划单元，这些单位可以被标记为作业单（见图 4.11）。

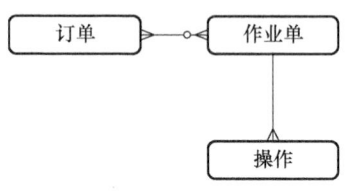

图 4.11　创建作业单

2）由于订单和作业单之间的关系可能是多对多的，因此应该创建一个中间对象，以创建两个一对多的关系，如图 4.12 所示。

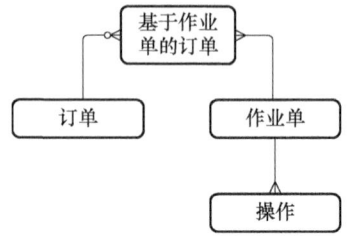

图 4.12　在工作单对象上创建带有订单的工作单

3）在数据模型中有这样的中间对象，通常是指必须在 APS 中执行计划任务，在 APS 中把创建关于对象的实例作为输出。

4）创建批次或系列。当存在批量计划资源（如烤箱或散装搅拌机）时，这可能是必要的，APS 需要将类似的订单或操作组合成一批，并按批处理，而不是按单个订单处理。图 4.11 显示了订单按照作业单分组的情况，作业单也可以按批处理。该批处理现在是 APS 中的计划单元，尽管批量内部的操作顺序可能依然重要。相类似的概念是系列，它是成组的订单，尽管资源本身不是批处理资源，但为了避免花费大量的设置时间应该进行连续处理，比如在汽车装配工厂具有异国情调颜色的汽车系列。虽然批次和系列经常用作同义词，但批次未定义其内部作业的顺序，如图 4.10

所示的操作层级上批次的数据模型。

5）分配资源。分配资源是排程的一个关键元素，APS 必须有关于分配什么资源给什么项目类型的规则。通常，资源组包含可用作操作替代方案的资源。但是，是否允许使用特定资源可能取决于操作自身的特性。例如，规则可以适用于可用的范围，或者可能对于规则的使用存在权重约束。此外，不同的资源可能具有不同的速度和效率来处理特定的操作，而且这些资源也必须在 APS 中进行建模。

6）序列资源。通过创建良好的序列，APS 通常试图避免有设置时间。设置时间需要在 APS 中建模，这取决于许多因素。有时，一个简单的设置矩阵就足以完成建模，但在许多情况下，设置时间是需要更多元素来构建的，在这种情况下，就需要更复杂的模型。

对于主计划层级上的 APS，决策通常针对聚合构造和对象组，而不是单个对象。这可能有计划任务，例如：

1）产能规划。由于这是在排程中使用的模型集合，因此提出了一些简单的假设，这些假设取决于聚合的类型以及产能规划如何执行。例如，可以将请求的产能分配到存储一组资源的产能桶中，为了保证桶不超载，可以使用几种机制——从简单的方法到复杂的算法。产能规划的结果可以是每个桶所需的产能级别（例如，在不影响到期时间或产能水平低于预期的时候，得到特定的移位模式），也可以是每个订单或操作的开始和结束（延迟）。在产能规划中，还可以生成承诺的订单截止期，因此可以在恰当的桶中接受订单，以满足对产能的需求。

2）物料预订。在主计划层级上，通常会进行聚合检查，检查是否有（或将要有）足够的物料来生产已确定的订单集，此预订时间的结果可以是订单和物料采购请求的最早可行开始时间。

3）核对销售预算。总体规划中的一个常见问题是，提前订货的客户不一定是利润最大的客户。S&OP 可能已经在主计划层级上计算出要销售和生产的最佳产品组合。简单地根据不同的客户群划分可用的产能，使产能规划变得非常复杂和僵化，这不是一个容易的问题。另一种方法是，即使在产能规划之前提交订单，每个客户组的交货量还是会受到每个桶的限制。当然，这还是一个粗略的汇总，因为它没有考虑到订单的提前期，而且必须有某种机制，当产能未用完时就把产能释放给其他组，因为要同时避免闲置产能和未满足需求的情况。

在 S&OP 层级上，计划任务类似于主计划，只不过这个层级上通常还没有订单（相反，每个产品类别/时期都有预测需求），这使得计划问题更简单，并且 S&OP 通常适用于多种情景（scenarios）。

对于需求计划，计划任务可以是：

1）综合预测（分类预测）。当预测数据在较高的产品层级上可用时，需要对使用预测的计划层级进行分类。例如，必须使用基本的产品结构将汽车数量的预测分解为部件级别的预测，其中百分比表示特定选项的相似程度。当单个产品水平的销售数据可用时，通常会进行综合预测，并对其进行汇总，以便由需求计划小组对其进行分析。

2）生成预测。可以通过几种方式来生成预测，例如简单地复制预算或根据过去的销售额生成预测，以及应用最适合数据的统计技术。

3）选择预测来源。可以为产品生成几种预测类型，例如统计和客户计划，根据值、时期或其他因素，每个时期可以选择一个来源，以及预测要使用的数字，另见第 4.4.8 节。

4）情景管理。需求管理需要强有力的情景驱动，世界上不同的区域可能会提供自己的相关数字，这些数字被合并在一个中心计划中。因此，情景管理可以被描述为一个单独的计划任务，所需的场景作为主要输出。

对于项目计划，计划任务可以是：

1）创建活动/项目。APS 定义的项目可以有多个活动，这些活动或任务的开展需要设备能力、资源能力和员工能力的支持。"常规"ERP 订单可以作为多资源计划的计划单元，在这种情况下，此计划任务不需要存在于 APS 中。

2）创建班次。可以基于为项目定义的活动或任务创建班次模式，这些模式包含以后需要分配给员工的班次。

3）规划运输。对于一些项目，需要安排运输以便将员工和/或设备运送到项目现场，这意味着要计划车辆、分配驾驶员并分配设备的车辆。规划运输有一定的困难，例如允许驾驶员在特定时期内驾驶（道路交通法规），以及允许拖拉机拉特定的拖车。当车辆还必须运输项目设备时，情况就变得更加复杂了。例如，当一辆车停在两个项目场地之间时，尽管是在其他位置，设备也可能会在这段时间内被预订。

4）规划设备。在定义所需设备时，第一个主要区别是确定设备和设备之间的区别，在这些设备中，重点不是选择某一个类型中的某个特定设备。再者，设备、备选方案、具体的运输需求和被指派雇员的结果之间可能存在联系。

对于员工排班，计划任务可以是：

将班次分配给员工。员工日程安排大多带有典型的工作和休息规则，需要遵循这些规则，这些规则可以应用于最大数量的连续（夜间）轮班、轮班之间的时间、请假和间接工作（例如培训、技能集和技能等级）。这是由他们所做的工作以及导入实际工时并为工资和支出支付系统提供正确输入的问题所致。

下面的数据模型（见图 4.13）显示了项目和员工排程的简单结构，需要为项目定义需求，并使用班次结构分配需求。

这些是具有典型计划任务的 APS 系统类型的示例，还有更多的例子，例如用于转运排程的 APS、安全车辆的排程、公共交通、食品配方的优化、路线生成等。

在某些情况下，有不止一种方法来定义计划任务，这也取决于在设计文档中如何最有效地描述这些任务。例如，对于排程，可以将排程任务定义为排程资源类型 A 和排程资源类型 B 等。然后按每种类型来描述分配规则和排序规则，或者计划任务可以将操作分配给资源（所有类型）和序列

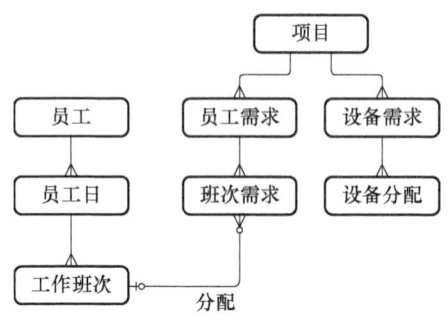

图 4.13 项目计划和员工排班

操作。

4.3.4.3 案例 APS-CP

当 APS-CP 系统在整个供应链中生成一个实际可行的订单发布计划时，我们正在处理一种基于算法自动生成的解决方案，其中每个自动决策的结果都可以手动调整，在 APS 中建模的决策如图 4.14 所示。

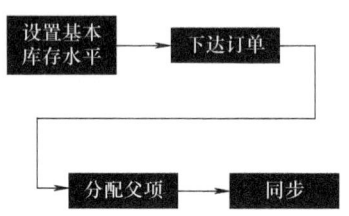

图 4.14 APS-CP 中的计划决策

基础数学模型是附录中描述的一个特例。在确定解决方案时，不会将资源能力视为强制约束：APS 系统提供有关违反资源约束的信息，但 CP 团队成员手动解决了这些问题，这一解决方案被证明是合适的，因为供应链中大多数环节的资源都是共享的，而且计划的准备时间允许在执行作业分配方面具有一定的灵活性。对于未来每一个计划期限之前的时间段，订单发布量都是确定的，对于每个阶段，算法的主要步骤包括：

1）对于所有产品，计算累积产品提前期内未来需求的覆盖范围，整合使用该产品的所有最终产品的需求预测并考虑安全期，为错误的预测提供缓冲。

2）对于所有产品，通过计算由预定收据、现有库存和产品的父产品累积的库存组成的产品累积库存，来计算未来需求在累积产品提前期内的当前覆盖率，最终产品累积库存等于未完成订单加上当前库存减去退货订单的数量。

3）每个产品都订购将当前累积库存提升到所需累积库存需要的数量。

4）对于每个产品，父订单都是合并的。如果订购的产品总数超过了现有产品的库存，那么就在父订单之间分配超额的量，从而减少父订单数量，以上就是分配步骤。

5）如果某项产品需要多个可用的子项，则订单数量将设置为在分配步骤中计算的这些项目的最小订单数量，以上就是同步步骤。

6）根据步骤 5 中的现有库存、当前预定接收和发布数量，确定下一时期的现有库存和预定接收数量，增加时间并返回到步骤 1。

De Kok 等对该算法进行了详细的描述（2005 年 5 月）。

4.3.4.4 支持功能

为了支持用户在 APS 中做出决策，支持功能实施于这些计划任务的环境下，它可以具有以下作用：

1）计算计划任务所需的投入。这可以很简单，比如从其他维度和比重中得出权重；也可以很复杂，比如根据员工的合同和休假为他们在工作日的可用性生成对象

2）计算计划任务的效果，同样，这可以是简单的演绎，也可以是复杂的计算。在更改计划时，通常需要为计划中的其他项目重新计算许多效果，这有时被称为时间逻辑，即描述计划中产品与产品之间关系的逻辑。例如，当订单 A 在订单 B 之后计划，A 的开始就是 B 的结束（当未设置或有其他延迟时），而 B 可能移到 A 最初开始的地方。当有许多具有不同特性的操作（如批处理）时，时间逻辑可能变得相当复杂。

3）导入和导出、同步。在大多数情况下，当信息不完全符合 APS 所

需的格式时,需要功能来导入和导出信息,同步是基于导入实体或要导出的实体的 APS 内部实体/对象活动的过程。

4)工艺路线生成。许多计划和排程 APS 需要工艺路线作为输入。拥有可用的工艺路线信息并不像看上去那样不言自明。实现 APS 可能意味着部分 APS 需要保证工艺路线的生成或选择。选择工艺路线就像使订单的项目编号与路线的输出项编号相匹配一样简单。然而也可能更复杂,例如,当工艺路线是一种方法时,输入物料的使用会导致对成本和配方结果的影响,在这种情况下,生成工艺路线可能是数学优化程序的结果。

5)存档和数据清理。为了确保 APS 的性能不会随着 APS 中数据量的持续增长而下降,因而过去的计划和排程数据应该被清理。有时,数据首先需要存档。例如员工排班管理,企业有必要将排班表保存若干年。为此,可以将数据导出到某些外部数据库后,如数据仓库,再将 APS 中的数据删除。

4.3.4.5　图形用户界面

在每个 APS 中都有一个图形用户界面,使用户能够制订计划任务并观察决策的后果,以下是一些典型的屏幕元素:

1)甘特图。传统的甘特图上,纵轴表示资源,横轴表示时间,图表中还有条形操作。这样的甘特图通常支持排程任务,而且用户可以通过执行不同的拖放操作来分配资源和更改顺序。但是传统的甘特图有很多变化,例如甘特图具有固定的容量而不是连续时间,并且通常在甘特图上不显示单个操作。在还没有分配机器的情况下,在甘特图的纵轴上也可以显示订单,例如多资源排程中的项目。甘特图也可以是垂直的,其中的时间和资源轴被切换,图 1.2 和图 1.3 分别给出了具有连续时间(排程)和时期(计划)的甘特图示例。

2)列表。表格信息最好在列表中可视化,APS 可以借助一组相互关联的列表来提供许多功能,可以通过将元素从一个列表拖到另一个列表,或者从列表中的一个实例拖到另一个实例来进行分配。序列可以在列表中更改,信息可以添加或编辑,可以实现与甘特图的交互,例如将列表元素拖动到甘特图以安排操作。

3) 图表。图表对于形象化地了解次要资源、人员或工具的使用特别有用。它们可以位于甘特图的下方或上方,因此用户可以看到计划或排程与次要资源的使用之间的关系,并解决潜在的冲突。

4) 关键绩效指标仪表板。重要的性能指标可以显示在屏幕上,因此计划员或排程员可以立即看到决策对性能指标的影响。

以上这些屏幕元素是最常见的,但也有其他元素,例如实际过程的可视化、物料和订单的分配、垃圾箱包装问题等。

图 4.15 显示了屏幕设计的示例。

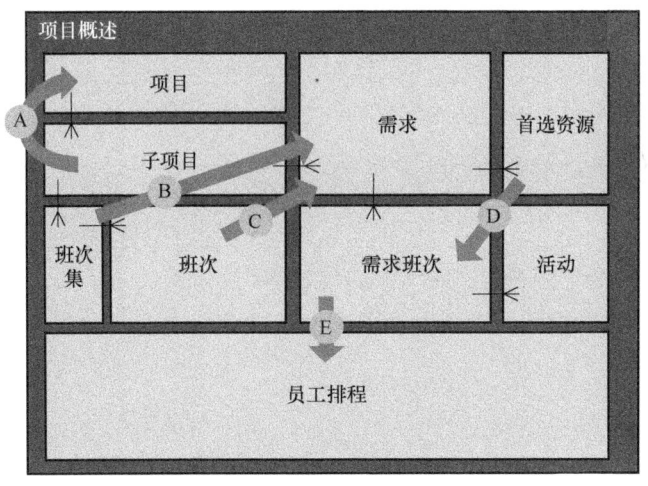

图 4.15 屏幕设计的示例

此屏幕设计由几个相互连接的元素组成,例如,在项目列表中选择一个项目时,将显示相关的子项目,该子项目由一对多的符号表示。箭头表示拖放操作,在本例中,这些操作用于设置项目结构、需求和班次。员工排程是甘特图(未详细绘制),并且可以使用拖放操作将其分配到班次。如设计文件中所述,在此操作过程中可以检查状况,例如员工是否有空?他是否有正确的技能?他在轮班之间是否有足够的休息时间?

4.4 特性设计选择

在设计 APS 系统时,需要一次又一次地解决问题,下面将介绍其中的一些选择以及如何处理这些选择。

4.4.1 计划层级之间的相互作用

计划层级之间的相互作用并不是一个微不足道的小问题,在教科书中,通常是在计划层次之间建立联系,但没有提供"越过箭头"的详细说明。在确定计划层级之间的计划传达时,可以采取以下备选办法:

1)当计划层级的对象是数量而不是订单时,那么这也是每个产品类别每个周期发送的数量信息,在接收计划功能中,需要以某种方式对计划进行分类。

例如,使用所谓的销售篮子将销售和运营计划传递到主计划层级。在主计划中,销售篮子用于接收进货订单,这是对较高层次计划的容量检查。经过销售篮子检测后,订单通常在主计划中计划,由此产生的计划可能与销售篮子的交付日期不一致,因为主计划具有比 S&OP 更详细的容量模型。

或者,该计划按资源级别分类,并在主计划中进行建模,以便在更详细的层级(资源组或资源)上确保产品组 A 在资源组 X 上获得其容量份额。

2)在某些情况下,不仅产能决策或计划水平向下传达,还必须在较低的计划和排程层级上遵守计划的库存水平、计划活动和从供应商那里采购计划的数量。在较低的计划功能上使用计划库存水平通常相对容易,因为计划员或排程员必须确保在创建计划时库存水平是合理的。

3)当计划层级是计划订单和操作时,它可以发送每个操作的计划开始和结束时间。这样,下面的层级应该确保在这些时间内保持更详细的计划或排程。例如，排程员在一种资源上创建一系列序列，在此过程中，他或她将排程操作保持在由更高的计划层级设置的开始和结束范围内。

4）或者，一个计划层级释放工作，下面的层级可以自由地在其计划范围内计划或安排工作。这是一种用于计划和调度之间交互的模型，它使计划更多地控制了调度中的内容，从而降低了预生产的风险。

5）有时，资源的选择是在计划层级上做出的，然后向下面的计划层级传达。然而，在大多数情况下，发送计划的计划层级以更综合的方式定义资源（例如资源组），下面的层级则根据自己的定义（例如资源）进行选择。

6）所提到的计划层级之间的沟通侧重于将计划的结果向下传达到较低的计划层级。然而，在这些较低的计划层级上实现的计划也应传达回较高的计划层级。例如，当排程员在前 3 天生成排程时，主计划不应重新计划此时间范围。一方面，在总体规划的前 3 天，供应侧即资源应被封锁；另一方面，需求侧即在这个范围内规划的订单在总体规划层面上不应再消耗产能。

对于设计计划层级之间的交互，显示交互作用的图表可以是一个有用的工具。供应链操作参考（SCOR）模型为其他参考模型提供了过程描述（Poluha，2007 年）。

4.4.2 案例 APS-MP

下面显示的是一位作者用来描述为了特定项目实现 APS 组件之间交互关系的图表（见图 4.16）。

图 4.16 显示了在实践中为了实现特定项目的简化版本，列出了 4 个相关的计划级别：需求管理、运营计划、主计划和排程。数据与 APS 外部系统交换，这些系统可以是 ERP、遗留系统或 MES。

需求管理计划层级根据过去的需求（订单）和与大客户的合同创建预测，预测被输入到运营计划层级，并使用能力和物质约束对预测进行限

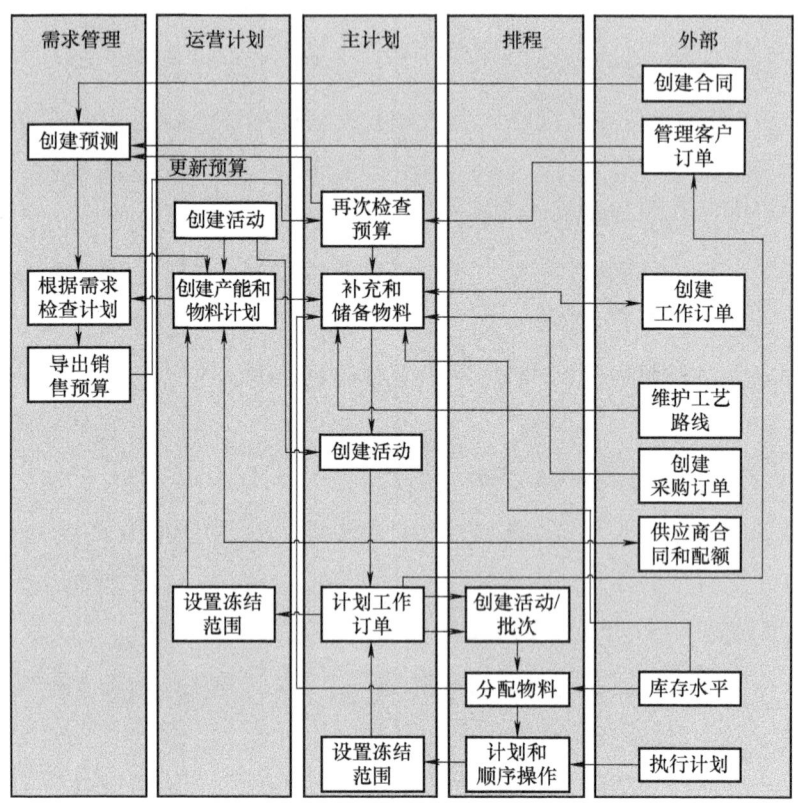

图 4.16 交互计划层级和 APS 组件示例（简化）

制。在此层级上生成了许多方案，为组织 S&OP 流程提供输入。当选择一个方案时，这将反馈到需求管理层级，其中销售预算是从计划中派生出来的，这种派生可能是需要的，因为销售预算可以在不同的聚合等级上被当作计划。

在这种情况下，在 3 个计划层级上使用活动：运营计划、主计划和排程。显然，活动层级之间必须保持一定的一致性。此时，在业务计划和主计划之间调整活动计划是靠手动完成的，因为如果靠自动来完成调整，成本将不符合预期收益。相反，活动信息从主计划层级发送到排程，以帮助排程员将操作分配给相应的活动。但是，他们不必精确地遵循所计划的活动，在排程中，模型更加详细意味着为了活动所分配操作的不同选择是合理的。

在主计划层级上，有一个步骤是补充和储备物料，类似于MRP中所做的工作。这就产生了大量的工作订单，这些订单将提供客户订单所需的物料。然后将工作订单分配到活动和计划中。此计划步骤的结果（计划工作订单操作）将传输到排程层，排程员应该在主计划层级规定的时间窗之内对每个操作进行排程。

在APS系统之外，公司的主数据被维护，例如订单、股票、（公司）工作订单、路线和合同。采购订单也是在APS之外创建的，尽管它自己也可以提出（甚至确认）采购订单，例如主计划。

4.4.3 能力核定

在规划能力方面，必须选择如何处理有限的资源能力的方法，关于如何处理能力容量的问题，有以下几种选择：

1）对于某些资源，可以选择在APS模型中完全忽略它们，因为它们永远不会超载，或者很少被使用。通过不对某些资源（有限的）进行规划，从而简化了APS的问题。

2）当（一组）资源的有限能力被忽略时，此类资源仍然可以包含固定提前期以表示所需的处理时间，一个资源（组）需要执行的任务列表也可能是有用的，即使它是针对无限能力的情况规划的。

3）即使是针对无限能力计划的资源，也可以计算此类资源所需的能力，因为此类信息可以用于增加班次。

4）如果用有限的能力来规划资源，它们会在没有足够的可用能力时延迟工作。因此应谨慎使用此选项，因为延迟订单可能会影响整个资源链。另一方面，基于有限能力的规划是APS系统的核心问题之一，关键资源的规划应该是有限的。APS顾问必须就如何决定这些资源的来源向客户提供建议。

5）就某些资源而言，仅确保资源本身有足够的能力是不够的，这些资源需要其他次要资源以便工作,如工具、资源连接和劳动力。这不仅计划了资源本身,而且还规划了次要资源。对于次要资源的计划没有做出明确的规定,但需要在 APS 中实现逻辑,以确保主资源被占用时次要资源也被占用。

例如,带有特定印记的印刷辊,可以被 4 台印刷机使用。当带有该印记的作业在机器上运行而只有一个轧辊时,没有任何并发作业可以同时在另一台印刷机上运行。轧辊也会有一些清洁规则,它可能需要维护也可能出现故障,这意味着次要资源需要自己的资源日历,以便用户可以为其输入停机时间。

4.4.4 物资储备、分配

在许多计划和排程问题中,存在着为订单或操作选择输入物料的问题,同时,在学术文献和生产控制教材中,这也是一个很大程度上被忽视的问题。一般的假设是,当订单/操作计划正确时,物料总是可用的。在实践中,这一假设是无法做出的。此外,选择用于生产的物料也是非常重要的。在简单的情况下,物料是否合适可以根据物品的标识或特征来确定。在较为复杂的情况下,物料和订单之间的关系是多对多的,在进行分配时必须遵循规则,而且各分配之间会相互影响。

大多数生产控制功能实际上包括某种形式的物料储备,因为当计划由于物料的缺乏而无法执行时,此时创建一个计划就没有意义。当一位 APS 设计师在文章或教科书中寻找关于如何储备物料的指导方针时,可能会因为这个问题缺乏关注而感到失望。在 MRP 中,当工作开始时,假设储备可以通过平衡量来完成,假设 MRP 层已经保证了有充足的物料。换句话说,当订单的需求数量为 100 个,并且这 100 个可用时,订单就可以启动,但是当这 100 个的形状或尺寸错误,或是由 50 个或者 20 个剩余物组成,而客户需要单个物品,那么实际上就不可能开始下订单。这些物料原计划要及时提供,但现已被推迟,可能允许有替代物料,例如更新输入的物料,对此需要遵守规则。

通常在更高的计划层级上,基于数量的物料平衡检查就足够了,而在较低的计划层级上,需要进行更详细的检查,可能包括明确的计划任务,以便为订单或批次分配特定的输入材料,由于下列原因可能需要特定分配:

1)输入的物料未能通过质量控制检查,但已被限定用于某一特定订单,为此已对配方进行了调整。

2)输入的物料有特定的尺寸,并计算了物料是否能够满足订单的要求。

3)下订单的客户有权获得这一特定物料以生成订单。

也可能发生这样的情况:一件物料被用于多个订单,一个订单使用同一物料的多个部分,或者两种情况都发生。下面描述了这些可能性(图 4.17)。

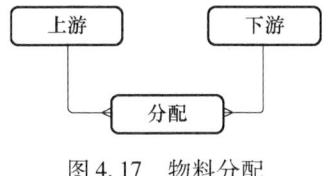

图 4.17 物料分配

在这种情况下,计划员或排程员通常需要知道哪种物料使用多少数量,然后将此信息存储在分配中。

总之,在创建 APS 设计时,需要决定在哪个层级上进行何种物料的储备以及 APS 将如何检查订单的物料要求是否得到满足。

4.4.5 定义解耦点

解耦点的概念在文献中得到了广泛的讨论,它对用于计划而不是用于排程的 APS 系统有很大的影响。在实体术语中,解耦点是在(一个或多个)上游订单和(一个或多个)下游订单之间创建一个连接,在 ERP 术语中,解耦点则是计划、生产、流程或工作订单。一方面,解耦点为规划者提供了重新考虑一组上下游资源之间的物料分配的可能性。另一方面，由于计划任务必须对在解耦点结束/开始的所有订单执行，因此它会产生开销。

APS 中的解耦点需要定义允许建立的连接类型，这可以很简单，就像定义解耦点物料的唯一标识一样。然而，在许多情况下可以进行选择。例如，当物料在某一尺寸和/或重量范围之内时可以被分配，它有最小和/或最大质量，自上次操作以来它有一定的等待时间，等等。其思想是定义解耦物料类型，例如使柔性最大化，使出错的风险最小化。

参考 3.3.5.1 中给出的示例，当解耦点中的物料类型被定义为在一定长度范围内的物料是"相同的"时，只有当需求的物料与供应的物料在长度分布大致相同时，这个解耦点才能很好地发挥作用。但是，当有太多订单都需要超出定义范围的更长物料时，这个解耦点将无法正常工作。

4.4.6 案例 APS-MP

图 4.18 显示了 APS-MP 支持的 3 个最重要的供应链控制概念，这些模式并不是详尽无遗的；但是，通过支持这些模式，APS-MP 也将能够支持这些模式的变化。

以下将介绍这些模式：

1）在按订单生产（MTO）模式中，接收由工作订单生成的客户订单，该订单涵盖原材料和成品解耦点之间的所有生产步骤。这是站点 1 最典型的操作模式，也在站点 2 中执行。

2）在按订单完成（FTO）模式中，半成品是根据预测生产的，而成品则是由客户订单触发的，超市模式是 FTO 的特例。

3）在按库存生产（MTS）模式中，所有的生产都是基于预测的，客户订单从成品库存中提取物料。

在连接上游和下游的供需关系时，APS-MP 将使用解耦点中的项目标

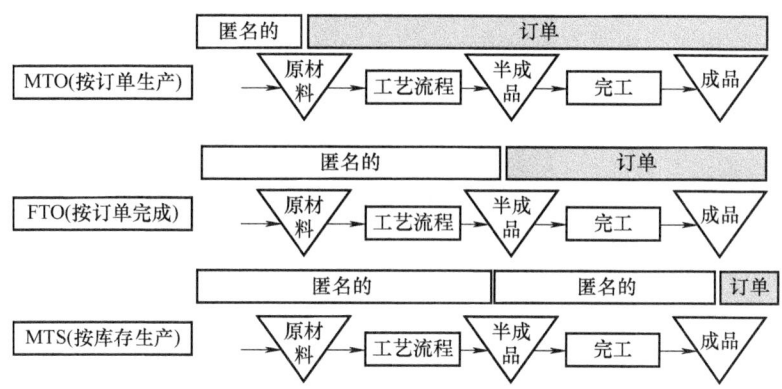

图 4.18　APS-MP 中解耦点的建模

注：CO = customer order，MTO = Make-to-Order，FTO = Finish-to-Order，MTS = Make-to-Stock

识（SKU）。

4.4.7　定义活动

如图 3.10 所示，排程和计划之间的区别在于计划层级上缺乏序列，虽然周期有一个序列，但在一个周期内计划的所有工作都没有规定的序列。在某些情况下，这可能会造成一个问题，当存在重要的设置时，它们会影响在计划层级上做出的决定。在这种情况下，可能必须在一个或多个计划层级上去定义活动，这方面最重要的标准是活动频率，这由以下因素决定：

1）开展这项活动的费用/时间。

2）这次活动收到的订单数量。

3）对这类订单的需求是如何在一段时间内分配的？

4）客户对这类订单所接受的额外等待时间是多少？

5）必须考虑活动订单所需物料的供应商是否也有活动（订单窗口）或有很长的订购提前期。

例如，当生产婴儿食品的包装材料时，完成包装折叠的某一装置需要 12h 的清洁时间，而正常的安装时间约为 0.5h。由于安装时间如此之长，公司可能决定将婴儿食品订单分组，每月只生产一次。当接受包装材料的订单时，客户服务代理需要知道订单将在哪一项活动中生产，否则他将需要几周的时间来承诺截止期。有些公司会提前一年制作一个活动日历，这也需要采购具有较长提前期的合适的材料。

在排程层级上处理活动相对容易，除其他方面，可以在创建智能序列的基础上减少安装时间，因为这是排程的"主要收入来源"。计划创建活动的唯一条件是在可用的排程范围内有合适的订单，当某些订单仍然需要被接受，或者计划在一个月之前完成时，排程程序可能无法访问这些订单，无法将其包含在活动中。因此，计划层级必须确保对订单的操作进行分组，这可以通过在计划中定义活动来完成。当收到订单时，将其放入活动中，并以此为基础引用交付时间。当活动的范围和频率需要时，这样做的必要性甚至可能存在于 S&OP 层级。

4.4.8 定义预测来源

因为没有用来约束需求的能力模型，所以这不是严格意义上的 APS，尽管如此，需求管理也由 APS 系统支持着。一些需求计划可能等同于统计预测，需要选择正确的算法，该算法与实际（过去）销售额的误差的平方之和最小。然而，在实践中，需求规划通常是关于输入和处理大量关于过去的销售数据，并根据这些数据生成不同类型的预测。从这些不同的预测来源中，必须选择一个作为目标。例如，当存在客户信息时，使用该信息；如果不存在该信息，则进行客户预测。

用户通过使用所谓的维度（例如，按区域、按产品组和按客户组）查询数据来查看和处理预测。在许多情况下，需求信息必须进行汇总或分类。例如，对某一产品的市场预测必须按生产该产品所需的部件分类，或者需求数据需要依照客户划分，当预测是由在产品层级上的外推需求生成时，它可能必须被聚合到产品组，因此它可以用于执行 S&OP 并再次预订订单。

4.5　自动化和优化

4.5.1　算法

自动规划调度算法在这一领域得到了学术界的广泛关注。然而，这并没有产生许多在实践中证明自身价值的技术。相反，只有在 APS 中完全实现自动计划或排程的情况下，才会有一小部分技术在实践中使用。许多 APS 系统在运行时没有任何优化，特别是用于排程的 APS 系统，这也是大部分 APS 系统的实施现状。

但是，什么时候应该把某种编程逻辑看作为一种算法呢？对于算法与其他函数的区别还没有其他明确的定义，维基百科对此进行如下描述："算法是一种有效的方法，可以在有限的空间和时间内用一种定义良好的形式语言来计算函数。"在本书中，我们将 APS 上下文中的算法定义为：

算法是一系列步骤，这些步骤被编程到决策支持系统中，以使部分计划或排程决策自动化（参见 4.3.4.2 关于决策一词的定义）。

例如，根据订单的截止期，在第 1 台可用机器上计划订单操作的一系列步骤被视为一种算法。将用于生成计划的线性规划等数学规划技术也视为一种算法。当在 APS 中导入和同步订单，并根据操作的产量计算每个操作的输出权重等属性时，这不被视为一种算法。

因此，算法可以自动地优化计划和排程，然而，在 APS 项目中，自动化和优化这两个术语可能会导致许多混乱。在下面的章节中，我们将定义这两个术语。它们可能还有其他定义，但只要 APS 供应商和客户使用相同的定义，就可以避免混淆。

4.5.2　自动化

可以实现自动化的功能、方法和例行程序，使计划任务中更为机械的部分自动化。例如，根据截止期对所有订单进行排程来生成初始计划，用户从这里开始，而不是从空的计划开始。自动化（如这里所定义的）不会重新考虑已经做出的决定，因此它只构建了一个解决方案。有时这被称为"贪婪"，因为预定的操作不会"放弃"它的位置给其他操作，即使这样做会使整个日程安排得更好。在大多数情况下，自动化是基于启发式的，这可以像根据某些标准对列表进行排序一样简单，自动化也可以基于手动操作过程，并将其编码到 APS 中。

4.5.3 优化

优化的作用类似于自动化，它执行例如生成计划的计划任务。然而，人们期望更高的水平来产生"好的"结果。因此，优化技术要考虑不同的方案，并选择最优的方案。这意味着必须实现对问题的数学描述，以及一些解决方案的生成和评价机制。通过评估不同版本（部分）的计划，使一个成本（效益）函数取最小值（最大值）。

本书将不详细讨论优化器，有大量关于计划和排程优化技术的文献可用来讨论优化器。此外，附录概述了一组约束，这些约束可以用数学规划术语对供应链规划问题进行建模。相反，涉及订单的较低的计划层级通常需要搜索启发式和数学优化器的组合。如下所述，具体如何配置它取决于项目。拥有优化技术的知识应该被视为拥有一个工具箱，而不是具有"开箱即用"的解决方案。

以下描述的是 APS 供应商可采用的不同优化方法：

想象一下，你想要找到地球上最高的山。你可以让一些人从天空中降落，这些人随后可以在半径为 50km 的范围内寻找最高的山峰，找到最高山峰的人代表着找到了最好的计划或排程。

1) 当问题是一个简单的（学术的）小计划或日程问题时（最多 10～20 项工作和 10～20 台机器，这取决于计算机的功率），你可以使用精确（分析）方法，如线性规划法来找到最高峰（也就是最优的排程）。你可以把地球划分成网格，让一个人搜索网格，同时有足够的人覆盖整个网格。

2）你可以使用蛮力，如分支定界法，它将评估所有可能的解决方案。即在北极降落足够多的人，覆盖整个地球表面，这样总是能找到最高的山。但是，这样你就需要大量的人（计算能力），你需要等到所有人覆盖整个地球表面。对于实际的计划或排程问题，这可能意味着你需要使计算机保持运行多年（或更长时间）才能找到最佳解决方案。

3）启发式搜索技术（如遗传算法、禁忌搜索）可以解决比精确（分析）方法更大的问题，通常一个问题有许多最优解（近似相同的高度），并且它们彼此聚集在一起（一条山脉）。好的启发式使用"聪明"的搜索策略和解空间的理论知识，以获得尽可能又好又快的解决方案。然而，无法保证找到最优的解决方案/计划，你可能会发现珠穆朗玛峰，但你可能会错过乞力马扎罗山。

4）启发式构造技术将利用问题空间的知识，以非常有效的方式找到一个好的解决方案。例如，当你知道山顶通常是白色的，你就会把你的人降落到地球上的白点附近，让他们在非常有限的范围内上山顶去。然而，你会在两极附近的冰川上浪费很多人，而在一条很大的山脉里，你只能找到一座合理的高山。

当精确方法不能直接应用时，必须在任何实际领域中应用一些启发式或一组启发式算法（即评估所有可能解决方案的蛮力法），这将使大多数APS系统陷于停滞。另一方面，启发式只会探寻解空间中"可能"找到的最优的区域，也许会忽略其他优化方案。换句话说，启发式只会找到"你知道它存在"的解决方案，为了找到"你不知道它存在"的潜在的较好的解决方案，此时就需要进行优化。在启发式和精确技术之间取得正确的平衡是设计优化的主要挑战之一，在大多数情况下，优化由一组协同工作的算法组成（例如，参见 Jerrdan 等于 2009 年 3 月 5 日发表的文章）。

实现优化通常包括使用一种算法，如线性规划，添加所需的预处理和后处理，将正确的问题元素输入到算法中，并处理算法的结果。尤其是在计划和排程问题中，需求和能力不是以每个时段的数量来表示的，而是用特定的订单或计划单位表示。例如，预处理可以包括在计划中为一个特定的顺序（或其中的一部分）生成多个可能的位置，然后数学技术会评估哪个位置是最好的。在排程环境中，可以使用启发式来查找应该重新定位的操作，以及用数学技术为该操作找到最好的新位置。

当启发式与数学规划相结合时，启发式算法应该尽可能有效，不要向数学规划发送太多替代方案。然而，在使启发式有效和不排除最优解之间存在一种权衡，这是实现优化的主要挑战之一，同时还要处理数学编程技术有限的建模能力。

4.5.4 何时进行自动化和优化

即将实现 APS 的客户端通常对自动计划和计划生成有很强的偏好，然而，这并不总是符合他们的真正需要，即一个好的决策支持系统来帮助客户创造更好的产出。一些计划和调度（子）问题适合于自动化，其标准是：

1) 好模型。任何自动化或优化都是基于 APS 的模型。当模型不完整或不正确时，规划技术就不会产生正确的结果。请注意，模型可能是不完整的，因为对所有内容进行建模可能无法证明这一点。对于不完整的模型，计划员可以通过微调计划来弥补不完整。然而，一个算法将假设该模型是 100% 完美的。

2) 可预测。当执行过程中存在许多不确定性时，以自动化的方式生成计划或排程是没有意义的，参见 2.5.1 节。首先，在生成计划或排程所需的时间内，输入可能已经改变了；其次，由于大多数的计划和排程技术只有在确定的情况下才能取得良好的效果。因此，如果必须频繁地重新运行，其性能就会下降。

3) 遵守计划/排程。如果在较低的计划层级上或在执行过程中忽略了"最优"计划或排程，则创建"最优"计划或排程是没有意义的。

4）有知识渊博的用户和专家。开发和使用一种算法需要知识渊博的用户和专家，这可能与管理人员的预期相反。开发算法需要仔细分析规划实践，而且测试和微调需要强大的分析技巧。

5）有潜在价值。由于开发自动化计划和排程可能是一项劳动密集型工作，因此创造更好的解决方案应该具有潜在的经济价值。这意味着应该有明确的受计划影响的运营关键绩效指标和业务案例，该业务案例表明可以通过优化计划和排程来改进关键绩效指标。

这些标准的结果是，自动化和优化在更高的计划层级上比在较低的计划层级（如排程）上有更广泛的应用，在更高的层级上，通常有更多的时间来生成一个计划，其潜在的价值更高，用户受到的教育也更好。此外，像数学规划这样的技术在较高的计划层级上是相对适用的。在 APS 系统开发方面，图 4.19 所示的 APS 优化金字塔表明了在实现自动化或优化之前应该满足哪些条件。

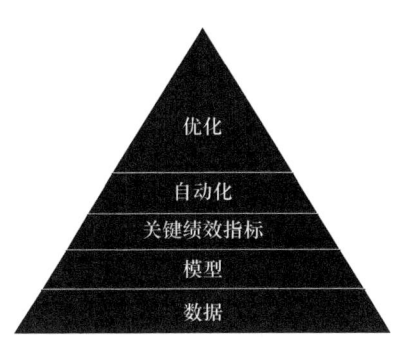

图 4.19　APS 优化金字塔

任何可能成功的 APS 系统都从一组可靠和完整的数据和模型开始。其次，关键绩效指标应在 APS 中建模，以指导计划活动，从而更好地解决问题。当所有这些都到位，并且计划问题符合上述标准时，可以增加自动化，以帮助计划员生成计划。更进一步的是设计优化，以从计划生成过程中获得比仅使用启发式方法更大的效益。在我们所知道的任何情况下，人为因素都应有监督和改进计划过程的空间。

开发优化 APS 系统存在如下几个问题和风险：

1）黑匣子综合症。这意味着计划或排程系统会产生用户不理解的结果。这项技术也不会让人类计划员发挥作用，例如改变优化器的参数，因此，用户可能放弃自动生成的解决方案并手动创建计划。

2）预处理和后处理。虽然有些技术能够产生良好的结果，如数学规划，但往往需要一些预处理和后处理来改变问题的构成，以便在 APS 的引擎中解决问题，这会消除一些优化潜力，因为"最优解决方案"不是计划所代表的解决方案。

3）改变问题。当计划员无法找到解决方案时，他们就只能改变问题的特征。例如，他们将找出一种官方不允许的替代资源，或者加班，这样就有了额外的产能。优化技术不能轻易地改变问题的特征，相反，它会假定问题已经得到解决。

4）如何让人类干预发挥作用。当一种技术被应用于生成计划或排程时，用户通常需要等待一段时间，在此之后才会出现最终结果。其与用户没有交互——用户是需要实现解决方案的代理。

5）技术在确定性世界中找到最佳解决方案，这些解决方案具有一些在不确定性的环境中不具备的极端选择。例如，当两种产品的需求是随机的，而其中一种产品的附加值高于另一种产品时，算法可能会选择只生产附加值最高的产品，而人类知道需求是会变化的，并会平衡产能。

6）技术可能受到"最终状态问题"的困扰。有些优化技术在改变一小部分输入时，解会发生巨大变化。这也被称为"敏感"。

7）不完全模型。本书始终强调，APS 模型的质量决定了其他所有东西，比如算法和图形用户界面。当模型不完整时，该算法将产生错误的结果。

8）自主。在许多情况下，生产控制层级结构中的较低层级具有一定的决策自主权，这应纳入 APS 模型。然而，APS 模型中可能存在无法控制的元素。但在发布计划或日程表时，指令是根据较低层级的自主权（例如在一天结束前完成这些命令,但用户可以自己决定完成顺序)下达的。当一个算法假设它可以做所有的决策时,结果就会被忽略。

通过手动方法可以减轻优化计划和排程相关的风险,在这种方法中,APS 帮助用户生成计划,并在以后增加优化。

4.5.5 测试优化

在实施算法以优化由 APS 生成的计划时,很难确定该优化是否足够好以供客户接受。因为优化依赖于一个良好的现实世界模型、基本功能甚至一些自动化,一个不良的算法可能由很多原因造成。因此,在开始测试优化之前,最好确定并接受 APS 的其他元素。理想情况下,在测试优化之前,APS 已经在生产环境中使用了数周或数月。

在测试优化时,必须区分实际性能和建模性能,优化器与实际性能如图 4.20 所示。

图 4.20 优化器与实际性能

由于通常不可能确定理论上可以达到的最优性能,因此,优化主要是通过比较手工生成的计划和算法生成的计划来进行测试的。在测试过程中,该算法的目的应该是使用相同的评价标准,生成一个比人工操作更好的计划。有以下两种方法可以确定如何实现这一目标:

1)当两者都是从头开始时,人类计划员不应该产生比算法更好的计划。

2)人类计划员不应改进算法生成的计划。

时间限制也可以适用于算法需要的时间和/或人类生成/改进计划所需的时间。

在定义"改进"在测试过程中的含义时,关键是使用评分函数生成的值,而不是所谓的实际性能。这是因为实际性能在一定程度上是主观的,而且显然,在建模时评分函数中的某些性能元素会被排除或更改。用户负责选择评分函数元素并设置权重因子,算法的唯一目的是在评分函数上获得良好分数,同时不违反模型中包含的规则。

4.5.6 案例 APS-CP

协同计划的 APS 系统是与 CP 用户团队一起开发的。这可以根据 CP 团队定义的详细功能要求来开发 GUI。但是,基于同步基本库存(SBS)控制策略的规划逻辑在以前从未使用过。通常,确定安全库存和安全时间是确定性运筹学的研究领域,包括线性规划(LP)、混合整数规划(MIP)、分支定界法、局部搜索等技术。

在随机需求环境下,在评估多项目、多层次库存系统中生成物料可行订单的方法时,SBS 被认为是 LP 的一种替代方法,并可以被使用。在工具开发和实现时,SBS 控制策略胜过基于 LP 的滚动调度(参见 De Kok 和 Fransoo 于 2003 年发表的文章),但参与实施 APS 系统的专家不知道这一点。由于 SBS 逻辑的编码相对简单(参见 De Kok 等于 2005 年发表的文章和上面的讨论),并且没有调用 CPLEX[○],所以一些专家对逻辑的正确性产生了怀疑。尽管该工具已经运行了一年多,令 CP 团队感到满意,但关于所使用算法的正确性的讨论仍在升级。最终,专家们不得不承认他们的批评是没有道理的,但同时,APS 系统的开发人员并没有努力在类似的应用程序中实现这种逻辑。相反,在开发优化计划、调度、库存管理的模型时,许多供应商将假设一个确定性的环境。

本书的出版在一定程度上是由于这一经验的推动,似乎许多 APS 系统开发人员很少了解不确定性对所谓的最优策略的影响,所谓的最优策略是

○ CPLEX 是 IBM 的一个优化包,许多 APS 供应商都在使用它,它包含数学编程求解器。

从解决确定性问题到每个计划阶段的最优性中得出的。

4.6 结构和接口

几乎所有的 APS 系统都必须与其他系统进行连接，其原因之一是，APS 是一种专门的系统，并不希望它包含所有业务功能。此外，在 APS 系统中，所有不需要制订（未来）计划的数据都应该放在系统之外，因为这可能会降低性能。

设计接口有功能和技术两方面，虽然有相似之处，但大多数接口都是特定于项目的。通常，功能方面是最具挑战性的，这意味着声称拥有"标准"接口的供应商只有对不那么具有挑战性的元素有一个标准，这是技术部分。例如，一些 ERP 供应商声称他们的 APS 模块与他们的 ERP 核心无缝相连，但这仅在技术层面上是正确的。"标准接口"没有回答以下问题：我们如何将 ERP 工作中心的结构转换到 APS 世界当中？

在这本书中，我们将不展开讨论接口技术，因为这是一个更纯粹的话题，有着大量相关文献存在。这里我们只需提及 APS 实施中最常见的接口技术。

接口/临时数据库是一种能够非常稳健、简单和快速地在系统间传输信息的方法，其优点是可以方便地查询数据库，以检查发送系统是否发送了信息。有时，接收应用程序会在它读取的记录中写入一些信息。这样可以在只生成但尚未读取的记录的表上创建视图，从而减少数据库加载时间。另一个优点是数据库可以很容易地保存到文件中并恢复，这样顾问就可以轻松地获得一组全面的测试数据。数据库管理系统（DBMS）可以用来强制执行引用完整性，因此发送系统被迫发送正确的数据。例如，命令或密钥不唯一的操作就会无法执行。

图 4.21 所示的接口数据模型示例描述了一个界面数据库的结构，该结构应用于一个半流程工厂。颜色用于表示各类表格的归属系统。

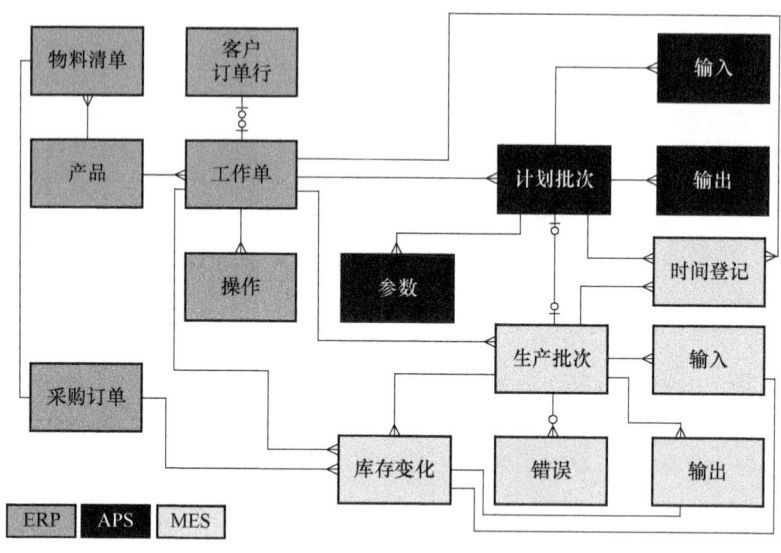

图 4.21　接口数据模型示例

其他接口技术包括：

1）SOAP/XML（简单对象访问协议/可扩展标记语言）信息。XML 信息越来越标准化，例如，在制造执行系统中（如 B2MML 标准），XML 信息的优点是，对于发送系统中的每次更改都可以很容易地发送 XML 消息、检查 XML 消息和更改消息的结构。

2）文本文件。文本文件通常不是交换信息的首选方式，但如果没有其他方法存在时，它可能是默认选项。对于很旧的遗留系统来说，这可能是很难改变的，并且没有可用的标准接口技术。

系统之间的交互可以更紧密地耦合到"实时"点，但是在 APS 环境中，这几乎是不需要的。例如，在大多数情况下，实际生产到排程系统更新的间隔时间不需要小于 5min，大多数其他接口对频率的要求也较低。

第 5 章

项 目 实 施

5.1 项目方法

5.1.1 导言

APS 项目可以看作是信息系统实施的一种特殊类型,据我们所知,目前还没有关于 APS 项目如何实施的科学研究文献。对于本章,我们将主要借鉴于经验,但这也意味着可能有一些方法还没有被尝试过,或者还没有引起我们的注意。此外,关于项目管理的教材很多,所以在这里我们将重点讨论 APS 项目的特性。

5.1.2 APS 与 ERP 项目

由于经常将 APS 与 ERP 进行比较,而且许多实施 APS 的公司都有实施 ERP 系统的经验,因此表 5.1 列出了 ERP 和 APS 项目的主要区别。

表 5.1 ERP 与 APS 项目的主要区别

项目	ERP	APS
用户数量	大型,从小型实施中的 50 个到跨国实施中的数千个	小型,通常少于 15 个

(续)

项目	ERP	APS
顾问数量	通常每个模块至少有1个，100多个顾问团队在大型项目中并不少见	超过10个顾问的团队很少
学科	涉及很多部门：财务、销售、生产、采购、仓储、工程、维护、人力资源管理等	涉及的部门很少：供应链管理、规划、物流、销售
实施时间（不计算同一模型的推出）	1年以上至几年	多在3至12个月之间
主要分析工具	流程图	规划决策
强调瀑布式/交互式方法	瀑布式	交互式

5.1.3 供应商方法

在以下方面，APS供应商之间的项目方法有很大的差异：

1）严格或松散的项目方法。对于供应商来说，有些供应商有一种记录详细且严格的项目方法，用于所有实施项目。其他一些供应商没有用太结构化的方式来工作，依靠的是一个拥有高技能顾问的小型团队，这些顾问不需要（或希望）项目方法提供强有力的支持。

2）强调交互式模型构建。一些APS供应商已经宣传了一种他们能尽快启动的方法——快速投入使用，快速出成果。在这种方法中没有太多时间进行（书面）分析，但是顾问们几乎马上就开始创建APS模型，并以迭代的方式改进模型，直到模型能足够好地适应。他们甚至接受了这样一种可能性，即在某一时刻，该模型必须从头开始重新创建，以纠正根本错误的决定。

3）实施期限。APS供应商之间的典型实施期限有很大差异，除了项目范围的规模和复杂性之外，一个重要的因素是供应商解决方案的灵活性（参见第6.1.2节），对于最复杂的项目（不包括发布），项目期限可以从几周到2年左右。

5.1.4 开发类型

大多数 APS 系统都有一些标准功能，可以根据客户的需求进行配置，构建过程的性质在很大程度上取决于所选择的 APS 类型。遵循第 6.1.2 节讨论的模型灵活性，我们将 APS 模型开发分为以下 3 种类型：

1. 参数化

该功能的指定方式使其能够得到供应商所提供的支持，因此，构建过程限于在模型中设置参数并使用业务规则来填充表格，例如处理时间。通常，需要应用一些创造力来解决所要求的解决方案与 APS 能够提供的解决方案之间的不匹配问题。

2. 配置

可以看作是参数化和开发之间的中间环节，模型的某些部分可以"开箱即用"，而模型可以通过一种脚本语言进行扩展。在 APS 标准软件中，脚本语言将支持复杂的业务逻辑和完全自定义的对象模型。一些 APS 供应商开发了一种脚本语言，可以添加函数、方法，甚至对象和关系，使用脚本语言通常比在编程语言中编写代码容易得多。

3. 编码

对于一些 APS 供应商来说，特定于客户的开发非常类似或等同于用 C++ 之类的语言编程。当 APS 标准模型不允许某些功能使用时，供应商可能选择通过添加或更改代码来调整他们的标准软件。这意味着客户将得到一个可能满足他们需求的解决方案，但它不再是标准的，并且在升级或维护模型时会出现问题。

5.1.5 瀑布式方法与交互式方法

在开发 APS 系统时，需要与用户进行交互以提取详细的需求，经验告诉我们，即使在有经验的顾问的协助下，也不可能让用户预先指定计划系统中的所有需求。这样的需求可以出现在 APS 系统的所有方面：模型、功能和用户界面。虽然论文分析是一个必不可少的阶段，但并不适合在表格上获得所有的详细要求。项目中需要交互元素的范围取决于以下因素：

1) APS 是否是现成的或完全可配置的。APS 不太可能去创建自定义模型，它不需要一个广泛的交互阶段，因为 APS 基本上规定了如何执行计划过程。

2) 用户表达其需求的能力。当用户的级别使得他们无法轻易地概念化自己的任务，并描述在 APS 支持下他们的任务应该是什么样子时，分析将是更难以做到的，并且项目需要更多地依赖交互式元素。

3) 解的唯一性。如果 APS 将以一种定义良好且类似于早期项目的方式实现，那么预先定义 APS 模型、功能和用户界面就会更容易，而且交互阶段通常会更快。

4) APS 项目的可用时间。当有足够的时间用于 APS 项目时，可以选择更长的问题分析和解决方案设计阶段。通过扩展此阶段，可以尝试在设计文档中定义 APS，而不是在之后的交互阶段才发现这一点。这样做有几个好处，例如使设计决策更加明确，并在交互阶段节省时间，但这通常需要一个更大的团队来完成。

5) 用户在开发 APS 方面所花费的时间。有时，计划员和排程员不能自由地参与交互式系统开发阶段，这通常是非常耗时的。这可能意味着需要更广泛的 APS 问题分析和解决方案设计，这样交互阶段就可以受到限制。公司中可能会有领域内的专家来支持问题分析和解决方案的设计阶段，这样计划员和排程员所花费的时间就会变得更少。当然，由于可用性和所产生的风险，需要在分离计划员和排程员之间取得平衡。

交互式还有另外两个重要的优点：

1) 培训用户。在交互开发过程中，用户可以在帮助系统开发的同时接受培训。

2) 用户接受。通过让用户参与系统的开发，提高了对系统的接受程度，在交互阶段，用户需要对系统有"所有权"，这样当用户对系统功能产生影响时就会容易得多,请参见第 7.4.1 节。

在建立 APS 项目时,可以确定交互阶段的范围,然而,在任何情况下,它都应该是一种中间方式,因为每个项目都应该有交互阶段,但它不应该是用户需求聚集的唯一阶段(见图 5.1)。

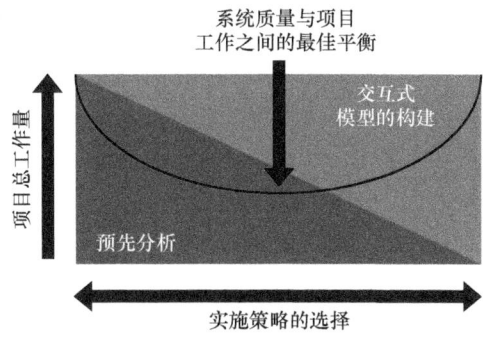

图 5.1 平衡前期分析和交互式模型的构建

每个 APS 项目都应该包含一个前期问题分析和解决方案设计阶段,这是一个书面练习,然后是一个基于测试 APS 系统和根据用户反馈进行改进的交互阶段。在所有情况下都使用书面练习的原因是,在大多数 APS 实施中,必须做出可能交互的几个设计决策。当 APS 顾问立即开始配置 APS 时,很有可能会推迟困难的设计决策,并且在不判断对其他即将做出的设计决策影响的情况下"即时"做出设计决策。此外,要做出的设计决策甚至可能对需要协调的周边系统(其他 APS、ERP 和 MES)产生影响。

在一些项目中,交互阶段被误用为让用户发现 APS 软件或配置中的漏洞,虽然这无法完全避免,但通常是对用户宝贵时间的浪费,而且应该向 APS 供应商强调,交付的系统应该经过充分的测试,用户测试的作用是激发额外的功能,而不是使 APS 没有漏洞。

5.1.6 案例 APS-CP

在 APS-CP 案例中,决定使用同步基础库存(SBS)策略来确定所考虑的整个供应链的订单发布,由于以前从未这样做过,所以规划逻辑是从零开始建立的。我们采用原型法快速生成测试结果，选择了一个具有代表性的供应链，经过3个月的建模和编码，该工具投入使用。在一年的时间里，我们根据每周迭代进行实时调试，该工具每周都用于协调整个供应链的订单发布，有经验的计划员发现不一致之处，提出GUI改进方案，并定义了解决问题的支持功能，从而简化了他们的工作。一年后，项目团队得出结论，尽管内置逻辑不断地发生变化，但逻辑并没有生成正确的订单发布。该问题已上报给计划逻辑的开发人员，他们很快发现了一些重大错误，并用一个周末的时间纠正了这些问题，经过两个月的进一步运行，CP工具的功能和代码被冻结。之后，该工具已使用了5年，无须进一步修改。

5.2 项目阶段

5.2.1 问题分析和解决方案设计

问题分析和解决方案设计在很大程度上还停留在书面阶段，APS顾问从客户端收集信息以创建问题描述，并在此基础上设计解决方案。在设计解决方案时，可能需要APS产品专家的大力参与，以便指定的解决方案能够使用所选的APS技术实现，并且这意味着这一阶段必须与APS供应商的顾问一同完成。

这一阶段的信息来源主要是访谈、文档和现有的计划工具（也可以是电子表格）。访谈结果由顾问进行处理，并反馈给被采访者，以检验其正确性。

在这一阶段的访谈可能非常容易，也可能非常困难，这在很大程度上取决于：①受访者是否有知识；②他们是否能够将自身对世界的认识概念化；③他们是否能够确定在APS设计中应包括哪些要素以及诸如此类的内容。访谈理想的群体规模是客户端的3个人左右，一个小团体不会在没完没了的讨论中迷失自我，同时，一个人的陈述也会受到另一个人的质疑。

与客户端 5 人以上的访谈通常效率很低。

APS 顾问需要掌握如下几种访谈技巧才能获得正确的信息：

1）运用不同的表达方式重复几次相同的问题，看看答案是否一致。

2）对不同的人重复同样的问题，看看答案是否一致。

3）不断问为什么做法是这样的，例如，工作实践能否用主要过程的各个方面加以解释？

4）使用"价值与努力"参数来切断对所请求的功能的具体讨论。

5）当人们的阐述过于复杂却又不切题时进行干预，这不是浪费时间的时候，访谈的目的是为 APS 顾问提供正确的意见，而不是其他。

6）总结人们所说的话，对中间结果进行确认，并尽量避免重访。

7）广泛使用可以在白板上绘制的示例。

8）通过深入访谈，选择合适的问题细节程度。

9）可以在分析会话中描述问题的解决方案，检查这是否是合适的设计以及是否正确捕获了问题。

10）给客户代表布置作业，作业可以是创建示例、准备样本数据集、计算或者组织决策会议。

在问题分析和解决方案设计阶段，以下几个方面非常重要：

1）知识渊博的人应该有良好的可用性，这可能听起来微不足道。同时，好的计划员几乎从来没有参与过一个时间密集型的项目，如 APS 的实施。但是，当他们参与到这样的项目中时，他们通常愿意为此腾出时间，因为他们可以清楚地看到项目的潜在益处。

2）一位强大的客户项目经理可以协助 APS 顾问停止不必要的讨论，保护"作业清单"，并组织决策。

3）客户顾问对主要流程及控制流程有深入了解，他能够帮助 APS 顾问分析问题并提出具体的解决方案。

对于 APS 顾问来说，除了收集信息外，其主要活动是消化和创建 PA&SD 文档，写这份文档应该与访谈同时进行，因为访谈中收到的信息量太大，无法保存在记忆中。

以下活动是本阶段的一部分，并给出了每一阶段所需的时间（见表 5.2）。

表 5.2 分析和设计阶段的活动

活　　动	所需时间
业务会议	半天
工厂参观	几个小时
任务分析	每个任务 1 个讨论会。确定主题进行深入分析
深入讨论	取决于确定的主题数量，每个主题应为 12 个讨论会
决策支持设计	每个计划任务 2~3 个讨论会
界面设计	变化很大，可能几天到几周
编写 PA&SD 文档	花费收集信息时间的 1~1.5 倍

在此阶段可能出现的典型问题是：

1) 推迟艰难的设计决策。由于时间的压力，APS 职能顾问专注于"简单的东西"，因为它不符合标准的 APS 解决方案，或者因为担心问题的全部复杂性会太大而无法处理。

2) 没有认识到可能产生重大影响的细节。这主要是一个经验的问题——认识到那些将在以后产生重大影响的细节。

3) 客户不做决定。在分析和设计阶段，必须就如何组织 APS 支持的流程做出许多决策，对于一个设计过程来说，没有什么比一个不做决策或者总是修改决策的客户更令人沮丧的了。

4) 不清楚专业知识在哪里。通常情况下，需要几次面试才能找到合适的人，合适的人可能隐藏在某个工厂的办公室里，他可以解释计划过程的一些重要方面。当项目团队中没有合适的人员时，APS 甚至可能会遗漏一些重要的功能。

5.2.2 开发

在开发阶段，APS 供应商基于 PA&SD 文档构建模型，这意味着在此阶段通常与关键用户没有强烈的互动。然而，这取决于 APS 的类型，当模型完全可定制时，开发用户可以测试的初始模型需要更长时间，而"仅"需要参数设置的 APS 需要非常短的"离线"开发阶段。当 APS 供应商正在开发模型时，客户应该为交互式开发阶段做准备。

在这个阶段可能出现的典型问题有：

1）数据。开发所需的数据未及时交付，这意味着开发人员无法有效工作。

2）功能设计不明确。当功能设计不明确时，开发人员必须猜测编写文档时功能顾问的意图。

3）物理距离。当项目团队与客户或者项目团队与开发人员之间存在物理距离时，解决设计问题会变得困难，物理距离可以通过访问彼此的办公室和在一天中安排固定的时间来解决。

4）脱离。因为在客户眼中，发生的事情并不多，所以客户团队有可能会脱离工作。

5.2.3 交互式开发

分析和设计文档一直是模型构建阶段的指导思想，在交互开发阶段，是用户的输入驱动了模型的建立。APS 开发人员通常会在几天内立即解决问题，并为用户提供改进的 APS，从而创建一种简短的循环方法。

交互式开发对用户来说是一项要求很高的活动，为了使这一阶段取得成功，需要仔细管理以下几个方面：

1）当 APS 中的某些内容必须更改时，测试人员应以问题的形式来表述问题，即当前情况和期望情况之间的特定差异，描述应该尽可能的具体。测试人员不应声明"重新规划有时是行不通的"，而是说"当在屏幕 x 中将订单 123 从资源 A 重新规划到资源 B 时，订单不会移动到资源 B。"

2）应该有一个明确的测试计划，结合各种场景确保系统的所有元素都被涉及，否则，用户就会随机地测试 APS，而忽略了在稍后活动环境中所需的大部分功能。

3）交互开发项目应有时限，特别是当用户请求的功能在 APS 中不受技术限制时，这意味着这一阶段必须有一个明确的结束日期，且不应期望这一制度完美无缺。一些要求必须暂停，并且经验告诉我们，停止的问题列表会随着时间的推移自动减少。

4）关键用户提出的问题原则上不应违反问题分析和功能设计文件的设计原则，当主要的设计决策总是被重新考虑时，项目就不能继续或完成。

这一阶段可能出现的典型问题是：

1）没有结构化测试。用户以最方便的方式运行系统，这样他们就会错过系统的许多元素。

2）关键用户的级别。在这个阶段，团队中的关键用户是否有能力和顾问一起共同开发 APS 变得十分明确，一些关键用户可能会在此阶段退出。

3）问题不流动。问题流程必须完全符合该流程，问题应该被收集、分析、解决、退回或讨论，当问题不流动时，就只是将问题保存起来供以后使用。

4）范围蔓延。当与用户一起开发 APS 时，他们将提出所有原本不在范围内的新需求，APS 顾问必须区分有用的改进和范围蔓延。

5.2.4 上线

当 APS 系统准备好上线时，将为实际使用做最后的准备，这一阶段在这里被称为实施阶段，与其他类型的系统（如企业资源规划系统）并没有很大的不同。此阶段包括培训、测试、上线、上线后直接进行故障排除，以及启动支持程序。

这一阶段可能出现的典型问题是：

1）缺乏培训。上线时，所有用户都需要能够使用 APS，包括那些没有积极参与项目的用户，缺乏培训将导致系统的使用出现问题、出现错误并浪费关键资源的时间。

2）临阵退缩。因为人们担心 APS 使用中的新情况,许多公司仍在推迟 APS 上线的时间,供应商合同可能会使这一情况更加复杂,即在上线后完成的所有咨询工作都将收取更高费用,当人们临阵退缩时,每一个问题都会被用来争辩说上线还为时过早。等待的时间越长,这种情况越严重。

3）集成问题。接口将在上线前进行测试,但有些集成过程很难模拟,例如将精确的序列反馈给 APS。此外,在实际情况下的数据量可能比受控测试场景中的数据量要高得多。

4）缺乏资源。当项目临近投入使用时,关键资源可能已经从项目中撤出。此外,资源将更加繁忙,因为它们需要与 APS 一起启动操作流程并参与项目团队的活动。

5.3 项目可交付成果

除了 APS 系统本身之外,表 5.3 中的项目阶段和可交付成果应该是 APS 实施的一部分。

表 5.3 项目阶段和可交付成果

项目阶段	可交付成果
定义	业务文档 功能规划框架 项目计划
问题分析和解决方案设计	问题分析和功能设计 重新设计的业务流程 集成设计 架构设计 技术设计
配置	技术文档
交互式模型的构建	详细功能设计
实施与上线	用户手册 上线程序 支持流程

5.4 延误的原因

由于 APS 项目是关于在大型组织中实施的复杂解决方案的，因此有许多潜在的原因可以推迟它们。一些延迟的原因可能是微不足道的，并适用于项目的任何阶段，例如缺乏经验的顾问、缺乏专家、低估了复杂性和技术问题。下文将讨论每个阶段最常见的延误原因。

1）在问题分析和解决方案设计阶段，APS 顾问需要将客户需求转化为功能性设计。在创建设计时，需要做出多个设计决策，如果未在以后做出或恢复这些决定，则可以延迟此阶段。造成延迟的另一个典型原因是客户端无法检索基本信息或知识，例如可靠的过程持续时间。当客户需要确认系统设计时，会在审查和确认过程中再次浪费大量的时间。

2）在构建阶段，顾问需要客户就数据和业务规则提供意见，如果没有及时提出，构建过程基本上是在需求不确定的情况下进行的，而且效率要低得多，当最终交付数据时，已经完成的工作可能需要再做一次。

3）在交互测试阶段，需要关键用户的有力、有效参与，以确保对 APS 进行全面审查，从而查明缺失和错误的功能。当用户没有以结构化的方式进行测试时，他们在实际使用中的最初几个月甚至整个阶段都会遇到问题。此外，当项目中包含自动计划或排程时，为使算法产生良好的效果，可能会浪费大量时间对算法进行微调。

4）在实施过程中，延迟的主要原因是激活接口时遇到的技术问题，此外，让所有的用户组跟上进度也是一个挑战，特别是当他们还没有参与系统设计的时候。

对于每个阶段来说，延迟的一个原因是前一个阶段尚未结束，而该阶段启动得太早。

5.5 团队组成

用于 APS 实施的项目团队通常比用于 ERP 实施的团队小得多，在大型 ERP（企业资源规划）实施项目中，顾问通常属于 ERP 系统的一个职能领域。例如，可能有的顾问负责财务模块，有的顾问负责物料管理模块，还有一些顾问负责人力资源管理模块。这种职能分工在 APS 项目中不太典型，因为 APS 不像 ERP 系统那样多学科化。

1）APS 职能顾问。应具有创造性、实用主义、理想主义、远见卓识、博大精深的供应链管理（SCM）概念，以及设计 APS 系统的经验，同时要自信、积极主动，并具有适应能力以及融合和简化的能力。

2）APS 建模顾问。对 APS 解决方案有较深的了解，并具有一定的编程和集成能力，同时还应具有较强的分析能力。

3）APS 技术顾问。具有一定的编程技能及设计 APS 系统的经验，了解 ERP 系统、MES 系统及集成系统的相关知识。

4）设计师。对 APS 解决方案的企业系统、硬件、基础设施、应用程序管理和技术方面有广泛的知识储备。

5）关键用户。对计划任务有很深的了解，有概念化的能力，注重细节，有毅力。

6）业务专家。对主要流程和业务规则有较深的了解，能够从流程的角度看待问题，并能解释规则的业务来源。

7）企业主。是有远见的人、激励者和领导者，了解计划如何影响业务成果，并能解决重大问题。

应该指出，能够使用 APS 的用户可能没有参与 APS 设计或改进的能力，在使用能力和设计能力之间似乎有着明显的区别。

关于项目治理，与其他实施项目相比，APS 项目没有什么特别之处，在客户端需要一名项目经理，当 APS 供应商团队超过 5 人时，还可以添加一名来自供应商方的专职项目经理，他可以是 APS 的高级顾问，也会审查 APS 团队所做的工作。

5.6 多站点实现

APS 系统的多站点实现适用于在多个位置进行类似活动的公司，实施多站点的 APS 系统需要对 APS 设计和项目规划做出其他决策。对于 APS 实施的许多方面，可以问两个问题：集中执行哪些操作？如何使位置具体化？此外，还需要制订推广计划。

在所有地点使用一个 APS 模型在维护成本和培训方面存在显著优势，此外，它还可以利用接入点实现集中的"控制塔"或共享服务中心，其中多个站点被集中规划和调度，这是否可行取决于物理系统中基本技术的通用性，以及业务流程是否一致或可以在多个位置之间保持一致。

大多数位置至少有一些独特的元素，许多公司是通过合并或收购其他公司而成长起来的，从而形成了一个多样化的系统布局，MES 通常是在本地运行的，并且是基于特定站点的，有些网站将没有任何执行系统，计划和排程是通过书面形式传达的，反馈也收集在书面上，并以批次的方式手动输入。

在较高的计划层级（如需求规划和 S&OP）上，建立通用的 APS 模型通常更容易，较低的计划层级，如详细的日程安排，更难以协调。在模型中，只有一个特定的工厂或工厂的一个子厂才会使用该模型中的部分。即使像 SAP 这样在所有站点上都实现了使用相同内核的 ERP 系统，也可能存在差异。例如，一家工厂可能输入非常详细的配方，将物料需求链接到正确的生产步骤，其他站点可能会使用一种简化的方法，将所有的物料需求链接到第 1 步，并将详细的配方保存在 MES 中，这意味着将 ERP 配方转换为 APS 配方可能是基于特定站点的，或者公司应首先对所有站点进行配方管理，然而，这些工作可能无法证明所产生的费用是合理的。

较低的规划层级通常会对不同的站点有不同的接口要求，因为系统是特定于站点的。有时，可以通过应用中间件将站点特定的数据结构转换为与 APS 交换的公共结构来解决这些问题。在其他情况下，APS 必须包含各种模型元素，使 APS 能够与不同的系统进行交互。

应该防止 APS 本身充当中间件，这意味着它接收信息只是为了以另一种格式传递给另一个系统，APS 接收到的所有信息都应该由 APS 自身使用，APS 发送的所有信息都应该由 APS 自身生成，或者需要唯一的标识信息（例如订单号）。但必须注意的是，可以通过配置一些 APS 软件创建一个实例来纯粹管理数据，而另一个实例保存所有的计划逻辑，这样，计划逻辑和数据操作之间就有了严格的分离。

第 6 章

供应商选择

6.1 供 应 商

6.1.1 一站式购买与同类最佳产品

在寻找 APS 解决方案时，可以考虑两种 APS 供应商，即将 APS 作为 ERP 或 MES 附加功能的供应商和"纯"APS 供应商。对于 ERP 供应商的选择通常不仅基于功能和需求的匹配——当组织已经使用了供应商提供的 ERP 时，评估他们的 APS 产品可能也是合理的。

在实施"一站式购买"策略时，公司以降低复杂性和集成问题为目标，然而，在许多情况下，一站式供应商夸大了对复杂性和接口的担心。从技术上讲，APS 与 ERP 的集成并不困难，相反，APS 和 ERP 之间的集成在功能上具有挑战性。无论 APS 是由 ERP 供应商提供还是由第三方提供，都必须在这里做出设计选择。功能集成问题难以标准化，因此，在开发接口（或者更一般地说，ERP 和 APS 模块之间的建模信息流可能是相同企业系统的一部分）时，拥有相同的 ERP 和 APS 供应商的好处是有限的。

复杂守恒定律在实现信息系统布局时适用，一站式购买只是将复杂性置于供应商解决方案的范围内，复杂性仍然存在，需要在所选择的解决方案中通过智能设计决策来处理。有人可能会争辩说，标准功能可能会使设计决策更加容易，然而，功能集成问题从来都不是完全标准的，即使 APS

模块是由 ERP 供应商交付的。由于 APS 的某些设计决策可能需要对 ERP 模型进行更改，复杂性甚至可能会增加。此外，"纯" APS 系统与 ERP 的集成选项可能比 ERP 插件本身更多。

当必须在 ERP 和 APS 之间建立接口时，必须将捆绑功能 A（事务性订单管理系统）与捆绑功能 B（计划系统）的信息进行匹配。ERP 的工作中心在 APS 中可能没有相同的含义——实际上，它很少有这样的含义。ERP 中，路线或方法的构建是为了最小化维护或从成本的角度考虑，而不是从计划的角度考虑。这些问题可能很棘手，需要一个功能性的解决方案，独立于 APS 是否被最佳品种或一站式购买策略所收购的问题。

从您的 ERP 供应商那里获得 APS 模块的优势在于，许可费用可能更低，而且只需要与一方打交道。还应该注意的是，一站式购买策略显然是由 ERP 供应商自己宣传的，从商业角度来看，在特定客户上建立垄断更加可取。此外，大型咨询公司似乎也在推广这一策略。与此同时，我们观察到这些公司的繁荣得益于他们出售的与上述 ERP 解决方案相关的咨询服务。

6.1.2 供应商类型

6.1.2.1 供应商分类

在过去的 20 年里，APS 供应商的市场经历了许多变化，有新供应商进入市场，有些供应商被其他供应商收购，有些供应商已不复存在。供应商之间存在着很大的差异，一些供应商为少数用户提供简单易用的排程工具，其价格不到 10000 欧元；一些供应商提供多个模块，许可证费用高达数百万欧元。图 6.1 所示为 APS 供应商的分类标准。图中一个是供应商是否只支持一个或多个计划层级，另一个是供应商是否侧重于特定类型的基本过程（如纸张、金属、化学、运输），或者是否能够支持许多不同的情况。

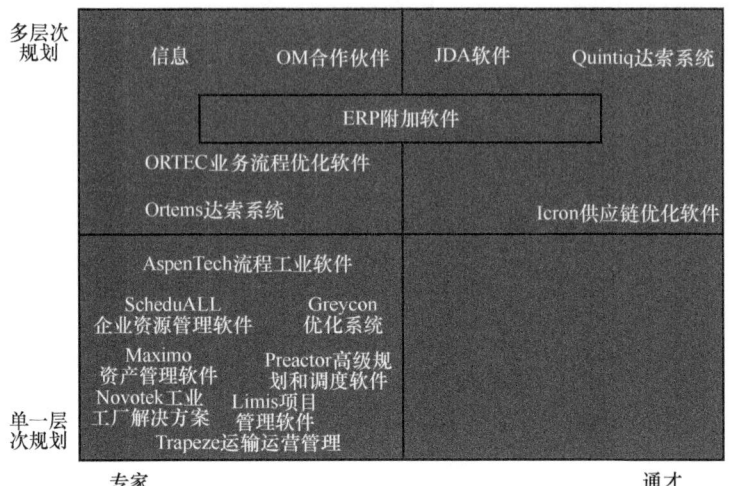

图 6.1　APS 供应商的分类标准（提醒：这是某个时间点的快照）

从这个分类㊀可以清楚地看出，没有一个供应商专注于单一的计划层级，他们擅长多个计划层级。这可能是因为当供应商的技术允许支持多种类型的流程时，它也可能支持不同的计划层级。

6.1.2.2　模型灵活性

是什么使 APS 供应商成了通才或专家？在很大程度上，这取决于可在 APS 中配置的模型的灵活性：灵活性越高，APS 供应商就越有可能成为通才，相反，当模型不灵活时，应仔细检查供应商声明中所提供的通用解决方案。

APS 供应商的模型灵活性可分为以下 3 类：

1）固定模型。APS 对象模型是固定的，且不能更改。这意味着 APS 在很大程度上规定了如何根据客户的情况进行建模，并且只能更改某些参数——由 APS 开发团队明确编程的参数。模型的构建过程侧重于将指定的

㊀ 在这种分类中，软件供应商的定位是基于专家的知识来做的，并且可能存在一些误差，想要添加或改变其在模型中的位置的供应商可以与作者联系。

功能映射到 APS 提供的功能上。

2）可扩展模型。当驻留在 APS 系统中的对象模型可以扩展为客户的特定对象时，可以为这些新的对象定义逻辑，因此新的对象可以用于为用户提供非标准功能，然而，对象模型的标准部分不能被删除或从根本上改变。

3）完全可定制的模型。这种 APS 系统基本上允许 APS 顾问完全自由地指定最能解决客户计划问题的功能设计，当功能设计能够以正式的方式指定时，它原则上可以在 APS 中实现。

6.1.2.3 领域专业化

许多 APS 供应商专注于一个有限的领域，有些 APS 系统非常专业（如专门用于造纸工业的系统），其他 APS 供应商则专注于行业的一个子集（如金属、纸张和化学工业），还有一些 APS 供应商原则上会接受任何有 APS 系统需求的客户。

在大多数情况下，对某一领域的关注是由技术原因决定的，例如，对于具有离散过程模型元素的 APS 系统来说，不能很容易地对带有流入和流出的储罐进行建模。然而，对于完全可定制模型的 APS 供应商，原则上可以对所有产品进行建模，尽管在新领域中建立初始模型将比专注于特定领域的供应商花费更长的时间，APS 供应商专业化的其他原因是市场营销和销售重点以及咨询专业知识。

如第 1 章所述。APS 供应商的主要关注领域如下：

1）离散工业。

2）（半）加工工业。

3）运输。

4）劳动力。

但是，有许多利基市场，例如：

1）纸张。

2）炼油厂。

3）装配车间。

4）灵活的制造系统。

5）高科技制造业。

6）广播。

7）食品和饮料生产。

8）钢铁生产。

利基参与者通常能很好地服务于他们的市场，然而，采用不那么专业（更灵活）的 APS 系统的理由可能是一个利基参与者过于专业化，导致它仍然是一家有被中断风险的小公司。此外，当客户端与利基参与者相似但不完全相同时，可能很难调整专用模型。

6.1.2.4　计划层级专业化

一些 APS 供应商已经开始开发和销售用于排程的系统，后来又增加了用于计划的模块。其他供应商则采取另一种方式：开发用于计划的工具，以及随后可添加的用于排程的模块。一些供应商能够用相同的标准软件支持不同的计划层级，而一些供应商则不得不开发新的软件。当供应商从一个计划层级开始，然后又为其他层级启动模块时，这意味着较新模块的成熟度级别可能较低。在选择供应商时要考虑到这一点：该公司可能已经存在多年，但要评估的解决方案可能只是在几个月前才推出。

6.1.3　电子表格有什么问题？

许多计划员仍在使用电子表格来创建计划或排程，即使在 APS 系统已经实施的情况下也是如此。消除电子表格是实施 ERP 或 APS 的项目的目标之一。最主要的原因是电子表格不能很好地维护，因为它们通常是由没有 IS 设计背景的专业人员建立的。此外，这种电子表格是在本地存储和使用的，它们通常不支持组织管理。当创建电子表格的人离开时，维护电子表格的相关知识可能会随之消失。没有任何一个供应商可以对已经建模的功能负责，而应该支持在计算机上运行一切的 IT 部门不喜欢这种情况。

另一方面，电子表格相对便宜、灵活、功能强大且开发解决方案可以在本地完成，而无须庞大的顾问团队，大多数用户只使用电子表格全部功能的一小部分，但也有通过使用电子表格开发的完整 APS 系统的例子（McKay 和 Black，2007 年）。

当计划问题需要建模的时候，这些计划问题可以相对独立于其他计划层级运行，并且当用户不多时，使用电子表格是一个良好且高效的解决方案。例如，销售和运营计划问题可以在电子表格中建模，而且表格格式非常适合于表示计划，电子表格还提供了包括数学编程在内的优化可能性，可以组织维护和管理电子表格。

但是，当计划层级需要与其他层级进行大量交互，并且许多用户需要操作（计划或计划的一部分）时，电子表格就存在严重的局限性。电子表格不能像客户端-服务器体系结构那样提供多用户的可能性，有些电子表格可以作为云解决方案运行，可以处理多个用户并进行良好更新，但是对于实现更高级的功能（如影响大量单元的计划操作）可能不是一个行之有效的解决方案。在电子表格中，显示具有任务序列（即没有时间段）的甘特图时，用户应该能够通过执行拖放操作以改变任务序列和工作分配，但这在电子表格中操作起来相对比较困难，带有周期的更高级版本的甘特图也很难在电子表格中实现，例如，当一个单元格中需要多个颜色分隔时，或者需要工具提示来显示有关所选周期中资源负载的详细信息时。

6.1.4 组织特征

在选择 APS 供应商时，组织的某些特征可能是评估的一部分，类似于采购其他类型的信息技术。由于 APS 供应商的规模通常小于大型 ERP 或 MES 供应商，因此在客户附近是否有办公地点是特别重要的。由于实施 APS 解决方案需要大量的深入知识，当只有少数几个顾问来处理一个大区域时，可能没有足够的临界质量。此外，如果在系统上线后仍有问题需要解决，那么与总部距离太远可能意味着支持效率较低。

6.1.5 技术

在选择 APS 时，APS 的技术方面往往被忽视。同样，供应商之间在技术方面也存在很大的差异，例如，系统是否真正的多用户、数据库功能、硬件要求、接口技术、是否有不需要安装软件（在浏览器中）就能在笔记本式计算机上运行的精简型客户端。

多用户需求是尤为重要的，因为单用户 APS 将需要对模型进行不同的设置，并可能需要多个 APS 实例。

我们曾经进行过 APS 选择，并在"信息请求"中提出了一个问题：您的系统是否具有多用户功能？最终被选中的供应商对这个问题的回答是：是的。然而，事实证明，当其他所有用户都发布计划时，另一个用户可以编辑该计划——这意味着所选的系统不包含多用户功能。

不提供多用户功能的供应商会争辩说，计划或排程问题不能被多个用户分割，我们认为这是无稽之谈，因为经验告诉我们并非如此。在排程系统中，多个用户管理不同的生产步骤，而另一个用户则负责物料分配。可能会有一些计划系统，其中销售部门的几个人员在他们的销售配额中预订新订单，库存控制部门的人员触发原材料采购，还有另一个计划员负责工厂的产能规划。在大型组织中，可由不同用户使用的系统具有显著的附加价值，因为他们最终会看到他们的行为对下游同事的影响。

在技术审查中，要考虑的其他事项包括客户端硬件需求（可能是在个人计算机上运行客户端）、故障转移/恢复能力、集成和硬件平台。

6.1.6 参考

一个好的 APS 供应商知道，当他们成功交付项目时，他们正在销售新的许可证和项目。作为供应商选择项目的一部分，拜访有类似挑战的参考客户是一个很好的做法。然而，以往的业绩不能保证做好项目，只有供应商顾问的能力、软件的质量，以及供应商的总体态度才能使项目取得成功。特别是当供应商是一个通才时，缺少参考资料可能是不利的，但这并不意味着供应商必须被取消资格。

6.2 供应商评估

评估潜在的 APS 供应商有不同的方法，可以通过让供应商展示其能力，使用以下技术来对供应商进行评估。

6.2.1 案头调研

APS 的选择最好从对潜在供应商的案头调研开始，市场上有许多 APS 供应商，目前的供应商市场与 10 年前大不相同，公司被收购、解决方案被终止、名称被更改。通过在互联网上搜索可以找到 APS 供应商列表，像 Gartner 这样的研究公司会发布关于 APS 供应商的报告，尽管这些报告的获取成本很高，互联网搜索引擎可能是最好的资源。

第 1 批供应商有时被称为长列表，对于要列入长列表的供应商，可以使用以下标准：

1）供应商活跃于相关类型的组织或垂直行业。

例如，当潜在客户是一家半流程制造公司时，就会选择已在该领域具有证明能力的 APS 供应商。

2）供应商在客户办公室附近设有办事处。例如，当客户位于欧洲时，他们可能希望排除在欧洲没有办事处的供应商。

3）供应商有一定的安装基础、有多年的经验、具有特定的最低规模、财务状况良好等。

6.2.2 演示

演示意味着供应商向潜在客户演示解决方案，所演示的计划情况并非是客户的情况，而可能是供应商通常使用的某个虚构公司，或者类似于潜在客户的客户模型。演示是获得对供应商组织及解决方案第一印象（外观与感觉）的好方法。然而，由于观众不知道该模型，也不知道为什么它是以演示的方式创建的，而且可能会被所有的新事物所淹没，因此这不是深入了解供应商能力的好方法，有些缺点是可以弥补的，例如，可以事先对案例进行讨论。

6.2.3 需求调查表

需求调查表是一种广泛使用的评价供应商能力的方法，问卷调查以客户需求为基础，有时会区分强制需求（淘汰赛标准）、选择性需求等。创建这些调查表并回答其中的问题时，通常需付出很大的努力。然而，作为一种选择标准，其价值是有限的。首先，供应商将填写答案，其目的是进入下一轮的选择过程。他们将假设（在大多数情况下是正确的），客户不能预先明确他们到底想要什么，并且他们也将能够在稍后的过程中更改一些需求。或者，他们会简单地声称他们的系统满足了某种能力，而实际上并没有满足，他们依靠项目团队（在销售团队离开后才加入）来减轻被误导的系统功能期望。其次，事实上也很难对不同的结果进行衡量和评价。

6.2.4 概念验证

概念或原型的验证是供应商在选择过程中，在有限的时间内开发的 APS 模型，它涵盖了潜在客户的一些重要的需求，而不考虑所有细节。通常，一周的努力工作就足够构建一个与问题的某些关键方面类似的原型模型，大多数 APS 供应商都愿意作为商业投资收取适度费用，或者免费进行这项工作，最好是以与客户代表交互的方式开发原型，这种评价方法有许多优点：

1）可以测试软件能力和与供应商合作的过程，不仅开发并演示了一些初始模型，而且还建立了一个基于客户反馈进行更改的模型。

2）未来的实施团队可以获得一些与 APS 概念合作的经验——概念的

证明可能是他们使用 APS 系统的第一次实际经验。

3）可以多次演示原型模型，以推广该项目并作为实施项目的参考点。

4）概念验证模型也可用于改进客户所提出的要求。

5）如果供应商在演示过程中可以很容易地"伪造"或隐藏弱点，那么在概念验证过程中就很难做到这一点。

6）概念的验证可以是对 APS 组织准备情况的第一次检验，因为高质量的数据才能满足原型的需要。

为了比较多个供应商的原型，客户应该为原型准备一个明确的范围，并提供正确的数据。正如某些购买者喜欢的那样，永远不要"扔掉"这个案例，开发 APS 系统是一个互动的过程，而且一个案例总是应该得到一些解释。APS 供应商应该有平等的机会提出问题并展示中间结果，同样，不要让严格的采购方法控制这一过程。

这种评价方法的一个缺点是，它需要双方付出大量时间和精力，因此通常对许多潜在供应商来说是不可行的。换句话说，这只能适用于选择短列表的阶段。此外，供应商将借此机会与客户团队建立关系，从而最终降低评估的客观性。

6.2.5 参观访问

参观访问可能需要一些时间来安排，而且这种访问的价值可能会有很大的差异，它们不太适合作为主要的评价方法，因为不同的参观访问是很难比较的，然而，参观访问也有以下好处：

1）在对供应商做出最终决定之前，这可能是实际检查供应商功能的一个很好的方法。在甄选过程的许多阶段，供应商有可能呈现出比合理情况更积极的状态，这可以通过访问一家有经验的公司来核实，参考该公司在签订合同后如何改变供应商。

2）它可以用来检查在评估过程中有没有忽略主要方面，在参观访问期间不应出现大的意外，如果有，可能有必要审查供应商选择的所有步骤和过程。

3)参观访问可以为 APS 实施项目提供输入,例如对主要设计选择的指导。

请注意,APS 供应商可能会选择一条简单易行、效果明显的设计路径。在考察期间,供应商最好不在场,在参观访问期间,客户团队可以访问 APS 供应商的现有用户,以了解在那里实施的相关解决方案。最好的情况是,参考对象最好与客户自身的规划情况有相似之处。需要注意的是,不仅要询问有关解决方案的问题,而且要询问流程、解决问题的难度,以及所能提供的支持水平,这通常都是很有帮助的。

6.3 做出决定

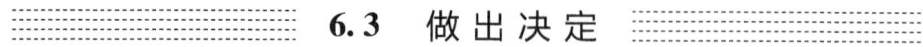

当供应商选择过程的所有步骤都已完成时,可以评估其优缺点并选择供应商,评估可以基于以下方面:

1)功能性。

①建模;②用户界面;③功能;④优化。

2)技术。

3)工作流程/方式。

4)供应商组织。

5)支持。

6)价格。

下一步是在明确项目范围的基础上开始合同谈判,并可能包括未来项目的路线图。在此阶段,最好仍有多个候选人参与这一进程,因此,合同谈判仍可在不做出最后决定的情况下进行。一旦做出最终选择,与供应商的关系将发生变化,谈判也会变得不同,在此阶段通常讨论以下要素:

1)价格。这将包括咨询费和许可费,这是一次性费用和每年的维护费用。

2）法律事务。我们不加详细说明。

3）许可证。供应商提供多个版本的许可证，例如，用户数量、模型大小、使用优化器的能力，以及更改模型的可能性。公司应该留意后期可能产生的高成本，例如额外的用户。

4）支持。在响应时间和可访问性方面，公司应该获得所需的支持级别。例如，供应商是否提供全天候支持？解决问题所需的时间是多少？除了年费之外，还需要支付额外费用吗？

5）项目。合同中可包括项目实施的某些方面，例如，用于实施软件的方法、供应商在客户现场的天数，以及项目何时开始，延迟交付的惩罚等也可以包含在内，但这可能难以实施，因为延迟通常是供应商和客户之间复杂的相互作用问题。

6）人员。在做出决策并进行沟通时，供应商的销售团队有另一个机会，客户与将负责提供解决方案的项目团队会面。为避免出现意外事件，可将其纳入合同谈判中，让参与销售的特定顾问参与项目。供应商可能会提出抗议并争辩，做一个项目与销售一个项目需要具备不同的技能。然而，在很多情况下，销售顾问本身在过去就是项目顾问，而抗议的真正原因是需要销售顾问来销售更多的项目。这要看客户决定如何用力推动促成这件事。

合同签订后，许多供应商将寻找从客户那里获得额外利润的机会，特别是在价格谈判很艰难的情况下。在起草合同时，谈判者应预先考虑这些费用，并在可能的情况下将其列入合同。

第 7 章

计划员与排程员

7.1 计划员和排程员的角色

有一个广泛的误解，即 APS 系统基本上只是代替人类活动的算法的占位符，算法确实存在，但它们通常是基于对计划和排程的形式化且大幅度简化的定义。大多数关于算法的出版物都没有包含实践应用程序。相反，APS 为执行生产任务控制的人提供支持，这意味着 APS 系统的任何执行者都需要了解这些任务——这远远超出了数学定义的范围（参见 McKay 等于 1988 年发表的文章，以及 Stoop 和 Wiers 于 1996 年发表的文章）。

虽然 APS 支持计划员，但总体上对计划员的了解并不充分，这是令人惊讶的，因为有许多计划员和排程员对供应链的绩效有很大的影响。一些管理者对他们的计划员有着深深的敬意；而另一些人则怀疑计划员除了在信息系统输出之外还能带来什么附加值。此外，不同公司的所谓计划员可能是完全不同的，一些计划员可能还执行行政任务，一些计划员需要编写各种报告，一些计划员必须参加会议讨论计划或计划的影响，一些计划员也会进行排程或者进行一些物料管理。

在本章中，我们将提出一些关于计划中人为因素的观点。首先，我们将介绍一些描述计划员正在做什么的任务模型；其次，我们将讨论科学论文中使用的认知模型，以解释人类在计划背景下的认知，并突出计划员的优势和劣势；再次，我们将从被计划员拒绝的系统是一个失败系统的角度出发，讨论在规划中的决策支持接受的理论；最后，我们将提出一系列准则以确定一个人是否适合进行计划工作。

7.2 任务模型

7.2.1 生产控制任务

APS 系统所支持的计划和排程任务以多种不同的方式定义，在生产计划和控制的背景下，大多数运筹学（OR）团体"拥有"这些定义。从运筹学的角度来看，计划等于"行动顺序"，排程被定义为"及时将任务分配给资源"。传统上，计划和排程的纯粹运筹学定义与在实践中如何解决这些问题之间没有区别，因为它们被假定是一个相同的问题。只有在对生产控制中人的因素进行研究之后，才能区分正式定义和这些术语在现实中含义的区别。Ken McKay 在 1988 年撰写的题为《作业车间排程理论：什么是相关的?》的论文标志着在实践中生产控制任务观念的转折点。Ken McKay 正确地认为，传统基于运筹学的生产控制问题的定义与实践相差甚远，因此应该质疑运筹学定义本身是否应该重新命名，以避免混淆。自那时起，在实践中已有许多关于生产控制任务的出版物，例如由 Mac Carthy 和 Wilson（2003 年）编辑的书。对于即将到来的生产控制中人为因素的研究领域，产生了许多关于人如何做计划和排程的模型，在这本书中，我们将选择这样的模型来说明计划和排程任务的背景。

7.2.2 计划和排程任务的背景

Jackson 等人提出的模型（2004 年）很好地概述了在计划和排程任务中发挥作用的因素，现将其介绍如下。

计划和排程任务的背景如图 7.1 所示，计划和排程任务的内容远远超出了命令行动或将任务分配给资源的纯形式任务。Jackson 等人对任务和角色进行了区分，后者是"任务的推动者，……填补了在企业内部运行的正式和非正式系统之间的差距。"除了制订计划或排程的正式任务外，补偿任务还弥补了系统中的缺陷，例如没有考虑到有限能力的 ERP 系统。维护任务代表了计划员为保持系统的最新或正确所需进行的工作，例如查看库存清单。

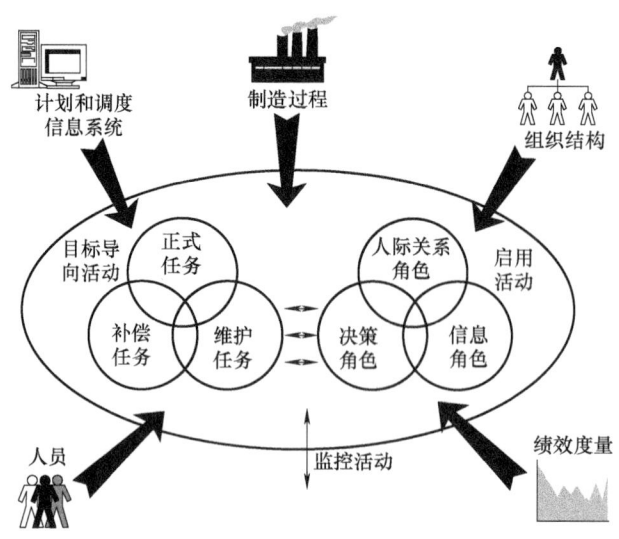

图 7.1　计划和排程任务的背景（Jackson 等，2004 年）

人际关系角色代表计划员和其他人之间的关系，这些关系可以用于收集信息、更改计划问题的属性（例如以此获得更多的能力），或者确保计划得到执行。信息角色代表计划员向其他人通报所做的决定和所使用的信息。决策角色用于预测和解决问题，McKay 和 Wiers（1999 年）也将其确定为人工排程的关键，其定义为：

一种动态的、自适应的迭代决策和问题解决过程，涉及通过多个来源获取信息，并且根据当前或预期的问题来影响许多生产方面的决策。

显然，这种定义可以应用于许多领域，因为它没有参考计划，这里引用了一些例子来说明人工计划任务主要是用于解决问题的，特别是当一个 APS 被用来处理日常活动的时候。

7.2.3 日常事务

Jackson 等（2004 年）提出的模型没有指出各种任务和角色的执行顺序，下面由 McKay 和 Buzacott（2000 年）提出的模型说明了为任务排程而观察到的"日常事务"。该模型说明，计划员或排程员将首先识别需要立即采取行动的异常，并将在稍后执行更常规的工作部分（见图 7.2）。

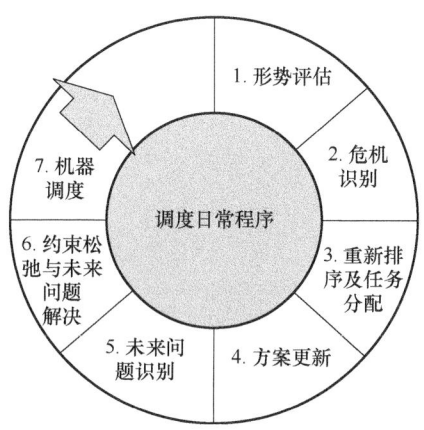

图 7.2　McKay 和 Buzacott 的日常排程程序模型（2000 年）

该模型符合这样一种思想：排程员应关注异常情况，信息系统在处理日常行为方面表现得更好（Wiers 和 Van der Schaaf，1997 年）。该模型说明了识别问题的情况，并迅速改变计划或排程的重要性。此外，它还表明了异常和常规之间的区别——在这种情况下，常规情况可能可以通过一些自动化的过程来处理。

实际进入计划办公室的学者不应惊讶于步骤 1~4 占用了排程员的大部分时间，第 7 步——非异常情况的排程，每周只需要几个小时，处理并防止异常是排程员主要工作，这并不罕见。

7.2.4　案例 APS-CP

APS-CP 生成的订单发布计划不是计划过程的最终结果；它是 CP 计划

会议的输入，在会议上，知识渊博的人们聚集在一起，以确定改善供求关系的备选方案。手头的工具有如下 3 种：

1）在不影响供应链中最下游的公司与其客户之间关系的情况下，推迟计划需求的选择信息。

2）关于在整个供应链中重新安排计划收货选项的信息。

3）将 APS 系统作为一种工具，用于测试需求预测和计划收货变化对需求和供应之间平衡的影响。

通过使用 APS-CP 系统的 CP 流程，由来自供应链中不同公司的约 6~10 人组成的团队能够在 1~2h 内调整供应链，使用 APS-CP 系统在 1~2s 内重新计算整个供应链的所有订单发布。图 7.3 所示为 CP 会议期间的典型工作流程。

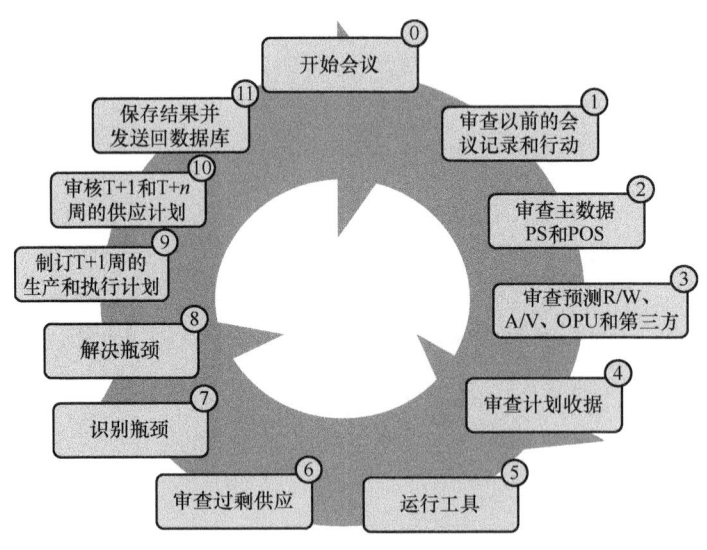

图 7.3 CP 会议期间的典型工作流程

CP 流程涉及不同的角色，每月的 S&OP 流程也是如此，因为两者都旨在平衡整个供应链的需求和供应（见表 7.1）。

我们看到了数据及时性和质量的情况，决定了订单发布计划方面的操作角色，以及在问题必须升级情况下的管理角色。

表 7.1 CP 流程中涉及的人员角色

角色	活动	典型代表
中央协同计划协调员	担任第 2 阶段会议主席；起草会议记录；必要时协调 PSC 和客户的活动	PSC 客户经理
BL CP 协调员	协调 BL 内所有与 CP 相关的活动；准备第 2 阶段会议；在第 2 阶段会议期间代表 BL；代表 BL 做出决策；确保在组织中部署 CP 决策	BL 供应链经理
BL 数据协调员	负责收集所有所需数据并将这些数据输入到 CP 数据管理环境中	BL 供应链计划员
PSC 销售代表	确保将 CP 决策输入销售系统（即，TROPIC）	PSC 客户经理
客户的 CP 协调员	类似于 PSC CP 协调员	客户的供应链经理
客户的数据协调员	类似于 PSC 数据协调员；这里的额外角色是确保（在需要时）EMS 提供者也参与数据收集过程	客户的供应链计划员
BL 经理	参与解决重大问题（在第 3 阶段需要时；升级）	高级 BL 管理
客户经理	参与解决重大问题（在第 3 阶段需要时；升级）	采购经理

7.2.5 时间管理

一个有趣的研究主题是计划员和排程员如何管理他们自己的工作时间，因为似乎有很多干扰，特别是在计划层级上。最近的一项研究（Larco Martinelli 等，2013 年）调查了排程程序如何以及为什么从一个任务跳到另一个任务。特别是，已经记录了中断任务并启动另一个任务的触发器。研究表明，时间管理决策可以隐式或有意识地做出，但大多数决策是隐式做出的，而做出更明确的时间管理决策可能会提高排程程序任务的效率。

7.3 计划中的人类认知

7.3.1 认知模型

认知模型可以用来解释计划员和排程员的行为,这些模型将人视为信息处理代理,并说明人类是如何做出决策的。遗憾的是,文献中有大量的认知模型,由于不能直接观察到认知过程,因此很难验证这种模型。Van der Schaaf(1993年)在"关于复杂任务中认知过程的人机工程学"专刊中指出,开发认知任务模型的过程似乎比模型本身更有用。这就是为什么我们将关注一些已经被广泛描述并且相对容易理解的认知模型。

Anderson(1990年)提出了以下认知模型,并对陈述性记忆和程序性记忆做了区分(见图7.4):

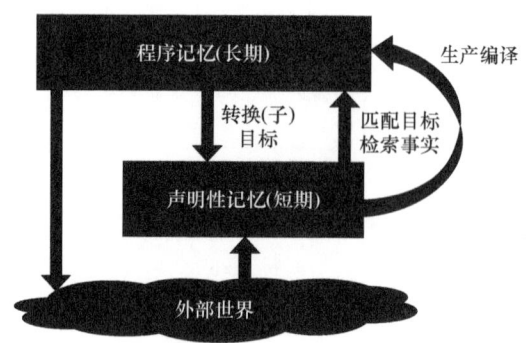

图 7.4 认知结构(Anderson,1990年)

1)声明性内存使用所谓的块来表示信息,块以命题的方式存储信息,并可能包含某一事实、当前或以前的目标及感知信息。

2)过程内存保存可用于转换编译块的生成规则。生产规则有两个主要组成部分:条件部分和操作部分。条件部分包含匹配当前目标的模式,可能还包含声明性内存中的其他元素。

从这个认知模型中可以得到一些与生产控制任务相关的认知局限性。

1）陈述性记忆。人类的声明性或短期记忆适用于人类可以同时注意的信息量。一个人在短期记忆中可以同时拥有大约 7 个 "信息块"，而来自短期记忆的信息在一段时间后很容易丢失。同时，生产控制任务控制的主要过程通常由供应和需求两方面的许多要素组成。这意味着计划员需要将任务分解为子任务或聚合任务，或者两者兼而有之。通常，这是生产控制任务一个有问题的方面，因为聚合任务不能在所有上下文中完成，而分解会导致不完整的解决方案。在生产控制任务中，因为大多数订单都在竞争相同的能力，在一个聚合级别内分解的可能性是有限的，并且一个资源的计划会对许多其他资源产生影响。

2）程序记忆。人类的程序记忆或长期记忆并不局限于才能，而局限于学习经验和回忆信息的能力。这些限制尤其适用于抽象和数字信息（人类是非常糟糕的直觉统计学家）。人类将获得在现实中不存在的因果模式，又或者假设它们是线性关系，而实际上它们是二次或对数关系。在计划和排程任务中通常缺乏良好的反馈——如果反馈存在的话，很难将任务与性能联系起来，这意味着学习的条件是有问题的，这是 APS 可以提供帮助的地方。人类通常会开发一组启发式算法来处理计划任务，一旦他们在程序记忆中开发了一组启发式的生产规则来完成这项工作，他们就不会再质疑他们的客观性能了。

下面给出了一个更加面向过程的模型（见图 7.5），它描述了 3 个不同的决策层次：基于技能的决策、基于规则的决策和基于知识的决策（Rasmussen，1986 年；Rational，1990 年）。

1）在基于技能的层面上，动作几乎是自动进行的，即不需要有意识的推动，行为是由自动认知模式自动控制的，要不时检查活动的进度，但是只要这些检查的结果是令人满意的，控制就保持在基于技能的水平上。如果注意到预期结果和实际结果之间的差异，则控制其转移到基于规则的层面。

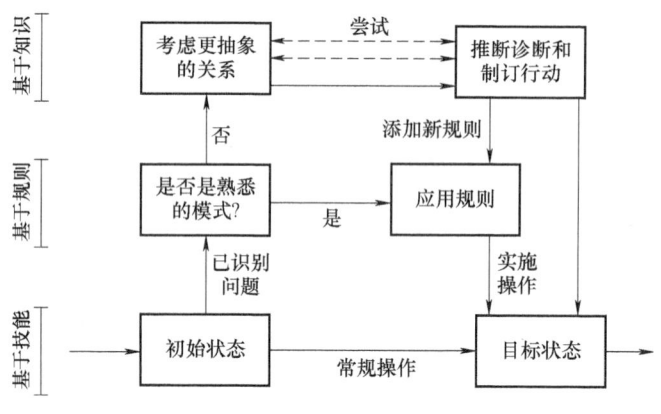

图 7.5　认知决策模型（Reason，1990 年）

2）在基于规则的层面上，有许多 if-then（如果—那么）规则在竞争中变得活跃，可与 ACT-R（理性思维的自适应控制系统）的程序记忆相媲美。问题的模式与 if 规则的一部分相匹配，如果匹配成功，则应用特定规则或一组规则。某一规则的优势主要取决于 if 部分与环境的匹配以及整个规则的强度。如果情境是新的，并且在心理模型中未明确指出，那么人类会尝试用心理模型的强大元素来填充这些缺失的规则。尽管这里有强大的力量在起作用，但如果没有与环境相匹配的规则，那么推理也会转移到基于知识的层面。

3）在基于知识的层面上，通过以一种新的方式结合知识来识别、分析和解决问题。这样的过程经历了以下步骤（Newell 和 Simon，1972 年）：智能步骤，其中建立了问题及其原因的表示；设计步骤，生成问题的替代解决方案；以及选择步骤，在该步骤中评估、选择和实现解决方案。

当该模型转化为人工规划任务时，常规任务基于技能层面解决，已知问题基于规则层面解决，而新的或复杂的问题则需要在基于知识的层面上解决。在 APS 中自动化基于技能的任务似乎是合乎逻辑的，在基于技能的层面上，计算机优于人类，它们更快、更一致。这意味着由计划员执行的常规操作是 APS 功能的良好候选对象，因为常规操作经常发生，所以它们通常比较容易分析。

在基于规则的层面上，当模式匹配成功时，人类可以非常高效，然而这正是偏见成为隐患的领域，APS 应该在模式匹配过程中帮助人类认识到手头问题的本质。当模式能够用可以导入 APS 中的信息表示时，APS 系统可以提供使某些基于规则的工作自动化的过程。

在基于知识的层面上，人类比计算机优越，这是人类规划者的领域，是可以利用人类力量的层面。为了支持基于知识的任务，应该向用户提供分析工具，以及对计划进行有效的图形表示，APS 可以提供问题分析能力，以及生成和评估多个场景（解决方案）的可能性。

7.3.2 人类偏见

人类认知的局限性可以从多个角度来描述，在前面的章节中，我们已经从认知模型的背景进行了描述。然而，认知局限性也可以从人类执行特定任务时观察到的情况来描述（Hogarth，1980 年）。据报道，已知的认知偏差超过 100 种，与生产控制环境相关的一些偏见包括：

1）锚定和调整。当人类不得不解决一个复杂的问题时，经常使用的策略是从一些基本的解决方案开始，然后尝试从中改进。然而，当一个好的解决方案和初始解决方案有很大的不同时，这种策略可能会使人过于接近初始解决方案。

2）信息收集。一方面人类倾向于在复杂的环境中收集大量的额外数据，因为他们可能认为更多的数据会带来更好的决策。相反，基本数据可能在产生的一堆信息中而被忽略。另一方面，当人们拥有的数据似乎是一致和明确的时候，人们就会假设他们拥有所有相关的数据，这标志着另一个偏见，即收集的信息主要证实了一个已经存在的假设。

3）统计和机会。人类不能很好地识别一系列数据中正确的规律（或者没有规律）。此外，当机会在现实中是独立的和随机的时，他们可能会认为机会是相互关联的。

4）控制的错觉。当事情出错时，控制通常被认为是一件好事，而行使控制权可能意味着事情会变得更糟。在我们的文化中，出现问题时什么都不做是不能接受的做法，但这可能是最明智的做法。

APS 系统可以通过自动化或支持对人类来说复杂的信息处理任务（如统计数据）来帮助克服偏见。APS 可以通过提供工具来验证关于某一情况和什么是最佳行动方案的假设，从而帮助计划员。

7.3.3 高级认知能力

虽然计划和排程通常是需要大量人力参与的任务，但是它们能减少开销，并通过企业系统（如 ERP）实现业务流程的自动化。除了有局限性外，人类还具备使其能够比正式技术和系统更好执行的能力，与生产控制环境相关的人类具有的一些优势包括：

1）灵活性、适应性和学习能力。人类可以应对许多已声明的、未声明的、不完整的、错误的、过时的目标和约束。此外，人类能够应对这样一个事实，即这些目标和约束的重要性可能会随着时间的推移而改变。

2）交流和谈判。人类能够影响车间的可变性和约束，他们可以与车间的操作人员沟通，以影响工作优先级或影响处理时间。如果工作延误，人类能够与（内部）客户进行沟通和谈判，如果没有按计划提供物料，则可以与供应商沟通。

3）直觉。人类能够填补计划所需的缺失信息的空白，这就需要大量的"隐性知识"，在收集这些知识时，并不总是清楚它为哪些目标服务。

人类善于收集额外的信息线索，这似乎与信息收集相关的偏见相矛盾，人类可以找到影响计划或计划执行的相关信息，而这些信息是系统无法检测到的。

McKay 和 Wiers（2004 年）的文章中给出的一个例子，计划员在早上进入工厂时看到一辆卡车停在码头上，而它本应已经送到客户那里了，这是一个生产问题的迹象。或者，当他在去办公室的路上遇到一个压力很大的商业经理时，他知道可能会出现一些客户问题的升级。

"好的"和"坏的"计划员和排程员之间似乎有很大的区别，好的计划员知道一些关于统计的基本规则，懂得在哪些方面可以信赖自己的直觉判断，在哪些方面应该应用更多的数字分析，他们可以解释他们为什么这么做，并且会明确地评估他们做了什么。如果没有反思，计划员和排程员将不会学习和改进，这与 Brehmer（1980 年）的观点一致。

7.4 使用和验收

7.4.1 人类对系统的使用

研究表明，使用信息系统所产生的性能和满意度在很大程度上取决于对特定系统的接受程度（Riedel 等，2012 年），技术接受模型（TAM）（见图 7.6）解释了技术接受（Davis，1989 年），并被 Riedel 等（2012 年）用于解释 APS 系统的接受。TAM 基于社会心理学中的意向模型，特别是理性行为理论（TRA），它假设行为意图（BI）优先于每一种行为，而且态度和主观规范对于意图行为起决定性作用。

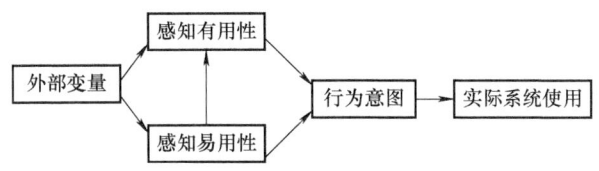

图 7.6 技术接受模型（Davis，1989 年）

TAM 是对 TRA 的应用，专门用于模拟用户对信息系统的接受度（Davis，1989 年）。在该模型中，感知有用性和感知易用性的概念决定了使用某一技术的态度和使用该技术的行为意图：

1）感知有用性是指一个人认为使用该系统可提高其业绩的程度。

2）感知易用性是指一个人认为使用某一系统的方便程度（Saade 和 Bahli，2005 年）。

经验研究发现，感知有用性比感知易用性更能决定意图/用途（Davis 和 Venkatesh，2004 年）。

外部变量可以是文化、环境、计算机经验和任务特征等概念，Riedel（2012 年）等人将此模型的改编版本应用于 4 个案例研究，他们的结论是，以往的经验和感知易用性对该系统的实际使用产生了重大影响，用户参与对系统使用意图的影响是显而易见的。然而，参与也会对复杂性产生负面影响，更多的参与会导致更完整但更复杂的 APS 模型。这增加了用户满意度和实际使用的机会，在项目的初始阶段，用户参与程度较低，可以通过在后期增加参与来弥补。

影响人类使用技术的另一个标准是透明度，以及规划环境的稳定性。诺曼（1988 年）写了一本关于人类使用技术的经典著作，他指出，在关键的、新颖的或不明确的问题必须解决的情况下，决策规则的透明度尤为重要，在这种情况下，人类想要直接控制，而不需要技术的存在。另外，如果必须执行的任务是费力的或重复的则最好有一种技术的可见存在。在这些情况下，人类向计算机化的技术发出指令，然后解决问题。

Zoryk-Schalla 等（2004 年）基于案例研究了 APS 系统的建模和使用，他们的结论是，APS 的有效性以及规划者对它的使用取决于现实、计划员现实的心理模型和 APS 现实模型之间的交互作用。根据这两个模型的可行性，计划员可以接受、调整、解决和修改计划的输入（在作者报告的案例研究中，这是销售计划）（见表 7.2）。

表 7.2　现实中的可行性（F）和不可行性（I），APS 模型（A）和规划者的心理模型（M）（Zoryk-Schalla 等，2004 年）

A	M	R	计划员的行为	绩效	对接受 APS 的影响
F	F	F	接受 APS 计划	销售计划按预期实现	中立
F	F	I	接受 APS 计划	销售计划意外未实现	中立
F	I	F	修改 APS 计划，修改 APS 计划以外的工作区，APS 建议修改销售计划	有可能销售计划未实现	对 APS 的接受程度下降

（续）

A	M	R	计划员的行为	绩 效	对接受 APS 的影响
F	I	I	修改 APS 计划以外的工作区	销售计划未实现	对 APS 的接受程度下降
			APS 提议修改销售计划		
I	F	F	修改 APS 计划以外的工作区	销售计划按预期实现	对 APS 的接受程度下降
I	F	I	修改 APS 计划以外的工作区	销售计划意外未实现	对 APS 的接受程度提高
I	I	F	修改 APS 计划以外的工作区，APS 建议修改销售计划	销售计划可能未实现	中立
I	I	I	修改 APS 计划以外的工作区	销售计划未实现	中立
			APS 建议修改销售计划		

与 Kjellsdotter Ivin（2012 年）一致，Zoryk-Schalla 得出的结论是，在 APS 中建立模型需要高技能的顾问，这是用户自己无法做到的，因为他们的心理模型可能是不可行的。同时，前面讨论的 TAM 模型表明，用户的参与对于①建立正确的模型和②让用户实际使用系统是至关重要的。APS 系统的设计和建造不能脱离用户，根据我们的经验，让用户参与 APS 建模的第 3 个好处是，他们可以在提供输入的同时接受 APS 概念并进行系统设计方面的培训。

7.4.2 绩效反馈

规划和排程中的绩效反馈通常使用 KPI（关键绩效指标）来完成，这些指标的示例是交付的可靠性、效率和设置时间。使用作为 APS 模型和 GUI 的一部分的 KPI，可以持续监控和改进计划的性能，这是一种更改计划员和排程员行为的强大方法，因为这可以显示与旧计划相关联的性能以及可以使用 APS 进行的改进。

然而，使用 KPI 在性能测量和反馈方面也存在一些缺陷。

1）在大多数情况下，无法确定规范的最优性能，最好的办法就是以获得的最高性能作为最优性能。然而，这可能是一组不同的关键绩效指标，或者规划环境可能在此期间发生了变化，这意味着我们只能理解 KPI 的相对变化，甚至还不能完全理解。

2）计划员很难理解规划行为与 KPI 值之间的关系，尤其是在规划环境非常复杂的情况下。在行动和结果之间的关系不明确的复杂任务中，只提供关于绩效的反馈甚至可能适得其反。这是因为结果反馈可能使规划者开始评估自己的能力，这可能导致一种不良的行为模式（Johnson 等，1993 年），这意味着 KPI 需要尽可能具体，评估规划过程的管理者不应基于高层次的 KPI 得出结论。

这意味着 APS 应在 KPI 和改进 KPI 所需的行为之间提供尽可能明确的联系。KPI 的界定方式必须能使规划者可以对其进行改进，而且在每次计划之后，应该立即对 KPI 进行更新和可视化。

7.5 甄选和培训计划员和排程员

大多数公司在如何招聘和培训计划员和排程员方面没有明确的政策。似乎有两种经常使用的方法：有的公司雇佣年轻学者担任计划员和排程员，几年后，他们可被提升到公司其他职位；也有公司从车间晋升计划员和排程员。

7.5.1 技能和特征

McKay 和 Wiers（2004 年）的书提供了关于选择和培训排程员的内容，他们确定了排程员应具备的特征如下：

1）优秀的记忆力。

2）注意细节。

3）公平性。

4）头脑清醒，思想冷静。

5）脸皮厚。

6）交流。

7）谈判。

8）基本的销售和营销知识。

9）制订和使用规划策略的能力。

10）好奇心。

11）创造力。

12）喜欢解谜。

13）个人需要整洁有序。

14）主动性。

一个好的计划员会试图在问题发生之前预见并解决它们，这是计划和排程的本质（McKay 和 Wiers，1999 年）。相反，一些计划员（不仅仅是计划员）的动机是扑灭火灾，即解决组织中一些可见的问题。显然，这些问题应该解决，但更重要的是，应该在问题被许多其他人看到之前识别并解除。

有一次，当报告问题时，我们观察了计划员，他们开始向抄送列表中经过策略性选择的人发送电子邮件。计划员向我报告说："好吧，我现在可以做两件事，我可以开始发送电子邮件，因此每个人都认为我是最重要的，或者，我可以开始解决这个问题。"

有些人只是喜欢灭火，因此无论是有意识还是无意识，他们都没有预料到，要么是因为他们更喜欢扮演"英雄"角色，要么是因为他们认为其他人应该解决这些问题。这就是为什么好的计划员通常对他们的工作谦虚的原因，因为他们明白，本来就不应该需要有很多可见的行动。

从上面可以看出，计划员的经验还没有作为一个重要的特质被提及。我们认为，对于计划员来说，经验作为择业标准被高估了，因为各领域之间的计划差异性很大。

7.5.2 培训

7.5.2.1 生产控制概念

计划员应了解生产控制的基本概念和存在的不同范式，这意味着，一个只接受过一种特定范式（比如精益）训练的计划员会忽略一种方法，不可能总是理解正确。计划员应该能够理解多种计划方法的优点和缺点。在某些情况下，应从瓶颈的角度来看待规划问题，有时应将其视为数学优化问题，有时应将重点放在简化执行等方面。

7.5.2.2 问题分析和解决

解决问题是每个计划员的核心任务，这意味着必须掌握解决问题的技能，这可以通过多种方式完成，如六西格玛、工业工程和系统思维。计划员应该学会监控受控系统，寻找可能出现问题的线索，当它们发生时，计划员应该能够诊断问题并设计一个结构解决方案，而不仅仅是一个有问题案例的解决方案。例如，当一个操作在及时完成流程方面非常不可靠时，计划员应该详细调查处理时间，而不是修复每一个有问题的订单。

第 8 章

现 场 使 用

8.1 实施后的状态

8.1.1 改进与技术上线

对于许多信息系统而言,当已经实现上线时,项目团队就会迅速解体并被分配到其他项目,将售后工作留给其他人。如释重负的叹息标志着一场漫长而艰辛努力的结束,许多在实施期间所做的设想和承诺都被遗忘了。该项目小组被解散并分配到另一个项目,由于顾问的预算已经用完,因此顾问将转到另一份工作中。每天使用该系统的人都在努力将 APS 融入他们的职业生活,他们不再考虑投资回报、交付绩效和库存成本,他们必须应对 APS 的初级问题、新安装的支持机构、培训其他用户,以及从系统中获取正确的数据以保持业务流程的正常运行。

实施 APS 项目的结束,应标志着用新系统实现改进的时期开始,即所谓的持续改进。使用 APS 通常可以很好地模仿旧的工作方式。旧的计划或排程可能远远不是最优的,但它也可以产生新的 APS。APS 应该向用户表明,该计划的质量不高,并且可以改进。例如,由于瓶颈在链中的位置和预期的不同,APS 可能能够显示资源上的空闲时间,而计划员先前认为这些资源已被充分利用。这意味着计划员必须关注真正的瓶颈,确保没有浪费时间,这可以通过避免在排程 APS 中进行设置来完成,或在 S&OP 的

APS 中向瓶颈资源添加转移来完成。

持续改进过程应被视为 APS 成功的最关键阶段，一个正在使用中但没有改进任何东西的 APS 被归类为"技术上线"。如果没有启动和维护持续的改进工作，这可能意味着在几个月或数年的实施之后，系统某些部分将不再使用，或者某些部件被用作解决方案，而这不是它们的预期用途。不同的人使用系统功能的元素组成不同的方法来完成他们的工作。例如，系统生成的输出被导出到电子表格中，但电子表格原本是计划逐步淘汰的，因此计划员或排程员就可以得到他或她需要的信息或认为需要的信息。

8.1.2 持续改进

APS 可以被比作是订阅了一个健身俱乐部，但这是一个昂贵的俱乐部，在购买订阅时，人们对它的收益有很多很高的期望。然而，单靠订阅并不能帮助订阅者减肥或改善健康，而是你必须锻炼身体。当你锻炼的时候，健身俱乐部会让你得到健康的好处，同时很有可能花很多钱在健身房上却没有得到任何好处。例如，不进行锻炼或者以错误的方式使用设施。这与 APS 的技术实现类似，如果 APS 没有被用作是提高性能的工具，那么它可能根本不增加任何价值。

每个 APS 实施之后都应该进行持续改进，因此，APS 实施的结束不应该标志着改进工作的结束。这类似于在获得 ERP 系统收益时发现的常见问题（Markus 和 Tanis，2000 年），应使用 APS 进行以下活动并不断改进：

1) 定义/更新 KPI。在 APS 项目开始时，应该定义目标和 KPI，以衡量计划的质量。在许多情况下，定义的 KPI 需要在 APS 实施结束时更新。其原因是从 APS 中提取出的 KPI 取决于模型的结构，而模型在项目开始时并不完全清楚。

2) 用 KPI 生成计划。对于使用目标函数自动生成计划的 APS，KPI 应该驱动计划生成。当使用启发式算法时，应将其设计为生成具有合理 KPI 的计划，当使用 APS 进行手动计划时，用户应该能够在执行计划操作时监控 KPI。

3）检查 KPI。计划完成后，应加以审查。根据计划的频率，可以每天针对运营计划或排程进行，也可以每月一次或每月多次针对更高层级的计划进行。在评估计划时，应对 KPI 进行审查，当 KPI 不符合预期时（例如计划交付绩效低于 85%），应对原因做进一步分析。例如，计划员可以分析每个产品组的交付绩效，或者检查瓶颈资源上发生的延迟。

4）定义改进措施。根据对 KPI 的审查，应确定进一步改进的措施，这些改进可以适用于计划和排程过程或物理链的执行。例如，公司可能会发现，他们之前关于瓶颈定位的假设是错误的，他们应该专注于等待物料和损失量的真正来源。

5）评估改进措施的效果。作为 KPI 审查的一部分，计划员应评估是否采取了改进措施，以及这些措施是否成功。例如，他们可能对过载资源的处理时间进行了微调，并且应该在重新规划后，评估容量负载是否有所改善。

当 APS 已经实施后，应该明确哪些 KPI 可以使用 APS 中的数据来测量，KPI 应该作为模型的一部分实施到 APS 中，以便可以显示它们。KPI 应由一个团队定期捕获和讨论，该团队包括来自影响此 KPI 部门的代表。例如，当 KPI 受到物料可用性的影响时，应涉及负责采购物料的人员或部门，当 KPI 根据确认的截止期衡量交货可靠性时，负责订单接受的部门应该进行讨论。

8.1.3 案例 APS-MP

以下是一封发送给一家公司计划部门负责人的电子邮件，该公司即将进行 APS 的总体规划。

亲爱的珍妮特，

您在电子邮件中讨论了几个问题，让我总结一下：

1）在计划期的第 1 部分，提前期可能不太现实，因为我们没有将所有活动都纳入 APS-MP。

2）对于不是瓶颈的资源，计划员可能不愿意更频繁地进行改变，因为这违背了他们对什么是好的生产计划的实践认知。

3）在您的工厂中，仍然需要优先级标签，以便优先处理可能会迟到的订单。

让我从第 3 项开始。在 APS-MP 正在运行的情况下，我们必须绝对停止向车间发送标签。我认为"标签"是执行 APS-MP 计划结果的最大风险，在 APS 之前的时代，我可以理解您使用标签的原因：由于您的订单没有进行足够的产能规划，您可能向生产车间发布的工作量超过他们能够及时完成的工作量。这意味着您在发布一个计划版本的时候，您要通过控制这些资源前面的 WIP 来保证瓶颈资源不会枯竭，当订单可能被延迟时，它们会得到一个标签来提醒要给予它们额外的关注。这就意味着在超负荷的情况下，车间人员需要优先处理有最重要标签的订单。

然而，有几个原因导致这种方法不起作用：当下游存在更强的瓶颈情况时，在特定资源上优先处理订单的一个操作可能是无用的。此外，标签意味着在车间里，将决定哪个订单比另一个订单更重要，因为可以从多个标准评估订单。假设订单 A 应该根据计划在订单 B 之前开始，但订单 B 有一个优先标签，在这种情况下，操作员应该怎么做？或者订单 A 可以在没有设置的情况下生成，订单 B 需要设置；或者订单 B 的物料将在 15min 内到达，使资源闲置 15min；或者订单 A 有一个金色标签，订单 B 有一个菱形标签，但是操作员知道下一个工作站当前正在运行订单 A，当他现在在他的机器上处理订单 A 时，它仍然可以包含在下游活动中。

简而言之，在车间层面，没有进行产能检查而使用优先级标签的计划，将会导致产出具有很大的不可预测性。

然而，将所有订单/操作都根据所有能力进行检查的替代计划机制，并不是计划员所能做到的，因为每个订单最多可执行 12 次操作，对于成千上万的订单来说，这样的工作量实在是太大了，这就是为什么需要实施

APS-MP 的原因：使订单的产能规划成为可能，并告别基于优先级的产能规划。正如我们所经历的那样，实施 APS-MP 需要付出很多努力，但却具有很大的竞争优势，因为这是一个可以执行的计划，而且工厂的产量也变得可以预测了。

在 APS 项目建设中需要明白的是，最关键的阶段是在项目上线后：持续改进阶段。这个阶段尤其具有挑战性，因为现在我们需要使用 APS-MP 来从新流程中获取价值。

当我们使用新计划流程的同时继续使用旧计划流程，APS-MP 实施将无法带来好处，我最近在与你相似的工厂里看到过这种情况。

有人可能会说，有些订单比其他订单更重要，这就是为什么他们需要在车间得到一些特殊待遇。如果我们假设优先级是 APS-MP 计划的输入，而不是直接发送到车间，那么这是完全有效的推理。可以在 APS-MP 中设置客户订单的优先级，也可以手动覆盖优先级。显然，这样的事情应该小心处理，当优先级提高时，此类订单的延迟成本将上升，并且此类订单将在 APS-MP 计划中获得优先级。

这意味着您可以在组织中进行沟通，优先级数字是"新标签"。他们将确保订单在 APS-MP 计划中获得优先权。APS-MP 将确保该计划可行、产能合理。我们甚至可以将标签名称添加到具有客户订单优先级的表中，这样销售代表可以在订单列表中查看标签名称。

第 1 项是关于从 ERP 到 APS-MP 的交货期。我在此建议如下：

1）分析差异很大的异常值。在这种情况下，一定有什么原因可以解释这种巨大的差异。

2）APS-MP 准备时间 < ERP 准备时间 +15%，对于这些订单，我们可以使用一个新的表来延长提前期，我建议用 +1 周、+2 周等来定义类别。

3）APS-MP 提前期 > ERP 提前期，我建议保持原样，在此不要做任何事情。

至于第 2 项中的计划员不愿意频繁地更改设置问题，我认为这是一个变更管理问题，要为团队确定正确的目标。在过去，所有机器组都是工厂中的孤岛，专注于产量。大多数操作员都厌恶设置，并会批评手头的排程表，这在他们看来是没有效率的。同样，这就是变更管理，我们可以向他们展示 CP 计划，表明他们的资源不是瓶颈，需要进行正确的组合，以服务于下游瓶颈。

我希望这能回答你们的问题，我建议我们在下周能一起在白板前更详细地解释我提出的建议。

问候，文森特

8.2 行为方面的挑战

8.2.1 遵守计划的情况

要让必须执行计划的人实际执行计划，这可能是一个重大的挑战。计划的执行程度可被认为是对计划的遵守度。我们所说的执行也是指将计划纳入下级计划。一般情况下，下级计划、排程或执行层级不遵守计划的原因有两个。

1）这个计划是不可行的，不能实际执行。当关键约束没有在 APS 中建模时、数据有问题时，或者当实际情况在将计划提升到较低级别所需的时间内发生变化（生效提前期）时，就会发生这种情况。

2）较低的计划层级对于计划应该是什么样的或者如何组织规划过程有不同的想法、目标或情绪。在某些情况下，APS 的实施会改变生成计划的位置。例如，在 APS 实施之前的情况下，制订和执行计划的人看到计划的制订权被剥夺了。另见 2.5.1 节中关于集中控制和分散控制的部分，这可能会对 APS 生成的计划带来阻力，当阻力存在时，人们会尽力突出 APS 生成计划的缺点。

分析计划遵守性问题的复杂性在于，如果不深入研究大量的细节，就很难区分第 1 个和第 2 个原因。没有任何 APS 能完美地捕捉到现实世界的方方面面，在设计 APS 模型时，设计决策应确保遗漏不会使计划不可行。但是，当存在对 APS 的阻力时，为了对抗阻力，必须详细分析对该计划的反对意见，这样才能判断 APS 是否确实遗漏了必要的方面。

坚持计划的问题与自主性问题相关：应在多大程度上将决策自由分配给下级（Wiers，1997 年）。例如，车间可能已经习惯于这样一个事实，即允许他们选择按哪个顺序生产哪个订单，当他们由于新的 APS 而不能再做出这样的决策时，可能会对由车间产生并强加给车间的进度表的执行产生阻力。

如 2.5.1 节所述，有一个范式的问题：在现实世界中，不能科学地证明集中或分散的计划哪种更好。APS 供应商和顾问通常提倡集中规划，详细规定较低的计划层级或执行层级必须做什么。另外，精益制造的倡导者可能会争辩说，APS 系统和集中控制并不是正确的方法，应该重新组织执行，使产品退出制造链。

在进行变更管理以实现对计划的遵守时，员工必须使用定性的论据来确定新的计划方法。当一家公司选择一种促进分散控制的模式，并选择通过 APS 实施集中规划时，这将是一项艰巨的任务。需要仔细考虑的是，APS 是否试图控制在较低的计划、排程或执行层级上违反自主性的事情。如果是这样，APS 的结果很有可能被忽视。

由于不确定性，分配自主权意味着在某些情况下，实际情况要求将一定数量的自主权分配给执行层级。不确定性导致计划和排程变得无效和过时，这意味着它们不能再执行，需要改变。当这一变化必须传达到更高的计划层级，以防止对计划的低程度遵守时，在进行更新时会浪费宝贵的时间。此外，规划水平越高，就越容易遇到不确定性，因此可能对如何处理不确定性缺乏知识。最后，当允许人们自己解决问题时，他们将体会到更大的责任感，这可能会对物理系统的可靠性产生有益的影响。

然而，物理系统的不确定性并不一定意味着控制应该分散，这还取决于所遇到问题的复杂性、解决问题所需的知识及上下游部门的影响。例如，当加工时间因物料质量不一致而变化很大时，应将其提升到可以与供应商联系的水平，而不是对设备、顺序、工具、人员配置等进行调整。在这种情况下，给予较低层级的自主权不会有任何改善，因为所遇到的问题是由较低层级所能控制的单位之外引起的。更笼统地说，只有当较低层级有能力更好地做出决定时，才应将自主权降低到较低层级。

在一些公司中，决策被下放到较低层级以降低高层级计划的复杂性。这一标准可能会因实施 APS 而改变，因为 APS 将为处理复杂的计划问题提供更多的可能性，换句话说，在实现 APS 时，减少分解以降低复杂性的需求将减少。显然，分解也有其他原因，最重要的原因是在不同的时间范围内需要做出不同的计划决策，更高层级的计划决策可能会导致工厂或生产线的开放或关闭，这是需要提前数月或数年准备的。显然，不应提前几年制订详细的生产顺序，尽管如此，在许多公司中，原本分散在多个计划员甚至部门的计划问题可以使用 APS 集中执行。例如，物料分配与详细排程相结合，或配方计算与物料订购相结合。

8.2.2 短期焦点

根据我们的经验，很多公司正在进行的计划都是着眼于短期的，即使计划期限是 18 个月，只集中观察在第 1 个月的计划会议也是很正常的。这一现象主要适用于 S&OP 和总体规划，其范围为 1 年到几年（见图 8.1）。

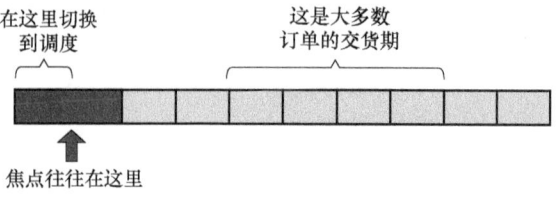

图 8.1 短期焦点

图 8.1 说明了对主生产计划的短期重点，即接受和计划订单。在第 1 个阶段计划的订单最终被移交给排程层，通常情况下，计划员会花费大量

的精力来完成第 1 阶段的工作，以确保计划实际上已经准备就绪，可以被计划和执行。这一重点似乎是由下列因素驱动的：

1）操作压力。当前的运营问题自然会比将来会发生的问题引起更多的关注。

2）优先考虑具体问题。许多计划员倾向于处理他们熟悉和理解的具体问题，而不是那些本质上更概念化的问题，以及在某些情况下仍然有可能发生的问题。

3）"英雄"角色。根据 7.5.1 节中的解释，好的计划员和排程员在出现问题之前，会仔细检查可能出现的问题，并采取相应的对策。然而，许多计划员和其他员工更喜欢"此时此地"的问题，因此他们能从解决问题中获得即时的满足感。

任何一家需要处理长远规划类型问题的公司都需要在讨论运营问题和预测未来绩效之间建立一个良好的平衡。这可以通过在每次计划会议中审查正确的 KPI 的集合，并将操作问题处理与更高层级的计划分开来实现。

8.3 主数据管理

APS 的实现通常对组织中的数据质量有很大的积极影响，由于计划是信息的集合，信息的质量决定了计划的质量。这适用于有关项目、路线、物料、库存、产品组、客户、运营反馈等方面的信息。

主数据管理与使用 APS 相关联的持续改进工作一样，也具有数据维度，为了监测数据质量，应定期对特定的 KPI 进行定义和监测，应对每个 APS 进行下列数据质量检查：

1）实体数量。应该进行验证以检查特定类型的实体预期数量和可用实体数量。例如，在计划系统中导入项目时，通常需要大约 10000 个项目，当这个数字突然很低时，这可能意味着存在技术集成问题；当数量稳步增长时，这可能是 APS 出现性能问题的前兆。

2）属性值。必须检查某些（并非所有）属性的值。例如，当正常订单量为 1~10 时，不应订单计划量定为 10 万件。另一个典型的例子：一个反馈记录表明，应该过滤掉在 2016 年完成的操作。

3）实体有效性。每个对象都必须根据其有效性进行评估。例如，没有数量的订单就是无效的，没有资源的操作也不能进行。

4）参照完整性。这适用于结构上一致的数据。例如，路线必须具有有效的输出项。

5）逻辑一致性。所有其他检查都可能通过了，但在基于数据创建计划时可能仍然存在问题。例如，一个订单有一个有效的产品，并且该产品有一个有效的工艺路线，但是该路线需要从另一个不存在的工艺路线输入物料。

管理和提高数据质量不仅取决于明确的责任，更取决于熟练的专家，他们能够迅速解决问题，并且愿意超越自己的领域。在 APS 的实施和实际使用中，当需要解决数据问题时，需要在帮助台上提出一张票据，该票据应传递给一些第 2 线或第 3 线专家，他们不能通过电话（更不用说到现场）访问。换句话说，在项目期间，能够编写和执行 SQL 语句的人应该在 APS 项目室中。当项目结束时，该人员仍然可以访问以解决数据质量问题。

8.4 案例 APS-CP

APS-CP 系统于 2004 年投入使用，系统的范围是电子公司的整个半导体链。CP 系统的范围是从晶片到最终产品的许多客户。然而，他们在 2007 年停止了与 APS 的合作实施进程，造成这种情况的主要原因是 APS-CP 生成的订单发布与半导体公司另一个计划系统生成的订单发布之间的不一致性。

有些用户认为这一差异很麻烦，信息和通信技术部门也禁止这种差异，而没有仔细研究偏差的根本原因。例如重新定义工作流程，又例如首先运行其他计划系统，并使用建议的订单发布数量作为 APS-CP 计划流程的约束条件，或者相反。

附录　供应链运营计划的约束条件

附1　导　　言

在本节中，我们提出了一个建模框架，该框架包含当前现有的供应链运营计划概念，尤其是 MRP 生成的计划。为克服 MRP 系统的缺点，我们确定了制订有效计划所需的约束条件。它可以看作是供应链计划的基本模型，是针对更复杂的案例进行的扩展和修改。

在附 2 中，我们从物料结构（BOM）中推导出一组约束条件，在附 3 中，我们从资源结构（BOP）中推导出一组约束条件。我们在此强调，此处所得到的约束是由底层 BOM 和 BOP 引起的，并且适用于供应链运营计划概念的任何选择。人们可能会选择忽略与之无关的特定约束，这意味着供应链计划过程的结果可能是不可行的。忽略特定约束的决定意味着要么"约束"从未具有约束力（可能可以证明），要么由此产生的不可行性的影响可以忽略不计（这可能难以证明）。

附2　物料约束及其表示

De Kok 和 Fransoo（2003 年）给出的 BOM 和 BOP 的定义完全描述了供应链的物料结构，现在，我们利用这个结构来确定任何供应链运营计划概念都应该满足的一组约束条件。这些约束可以非正式地描述如下：任何供应链操作计划概念只能发布项目以供在转换活动中使用，前提是它在发布时是实际可用的,这似乎是一个显而易见的说法,但陷阱在于"发布"的定义。在本章中,在 t 阶段开始时的发布决策是在 t 阶段开始时授权使用物料和资源进行转换过程的决策。发布决策是物料需求计划(MRP-Ⅰ)、制造资源计划(MRP-Ⅱ)、统计库存控制(SIC)、准时制生产方式(JIT),以及任何其他计划和控制概念的核心决策。假设这样的发布决策是协调的,因为它们是相互依赖的。在上面提到的概念中,发布决策不需要检查资源和物料的可用性,例如,在 SIC(cf. Silver 等,1998 年)中,发布决策仅基于与转换过程相关联的输出项状态(在本例中是其库存状态),而不是输入项状态,这意味着在授权的情况下不能执行发布决策。因此在协调决策时应考虑到执行延迟。同样,MRP-Ⅰ 自上而下的扩张过程不包括项目可用性检查,只生成异常消息,但扩张过程隐含的假定解决了 BOM 中较高层级的不可实现性。可以说,这种谬误在许多产品被组装成多个其他产品的情况下会产生重大影响,这就解释了目前人们在大批量消费电子行业的供应链中催货的做法。

由于供应链运营计划协调在组织的不同部分之间,甚至在不同组织之间发布决策,因此通常会定期发布决策。在定期发布决策之间,会进行准备过程计划活动,如需求预测、检查资源可用性等。因此,在后文中,我们仅限于讨论定期的供应链运营计划概念,在适当的情况下,我们将讨论连续供应链规划概念的扩展。

现在让我们正式推导出物料发布的约束条件,鉴于实物库存 $I_i(t)$ 和积压 $B_i(t)$ 的定义,很明显

$$I_i(t), B_i(t) \geq 0, t \geq 1, \forall i$$

显然,如果实际库存为零,则存在积压,即

$$I_i(t), B_i(t) = 0, t \geq 1, \forall i$$

净库存定义为实际库存减去积压,即

$$J_i(t) = I_i(t) - B_i(t), t \geq 1, \forall i$$

独立需求是由供应网络的客户产生的需求,可以直接在 CODP(顾客

需求切入点）提出，也可以间接从最终产品的预测和最终装配的前置时间中推导出来。这种需求通常是事先不知道的，必须进行预测，请注意，$E \subset P$，因为终端项目有且只有独立的需求。然而，在 I 中可能也有独立需求的项目。例如，一家生产硬盘的公司可能会销售给 OEM 及个人客户，销售给个人客户的产品包含作为子组件出售给 OEM 的产品，子组件是 I 中的一个项目，而 OEM 对子组件的需求是独立的。

对于具有独立需求的项目，除非知道每个时期的需求上限，否则不可能排除积压订单。在本章中，我们假设不存在这样的上限，或者说，与每个时期的平均需求相比上限太高，以至于在经济上不可能保证对某一物品的外生需求没有延迟。然而，根据定义，对于有非独立需求的项目，需求是已知的，因为它是在计划过程本身中确定的。我们认为，非独立需求的反向排序是没有意义的，假设在某一时期，我们决定通过发布比可用物料更多的物料来创建一个项目的延期订单。在这种情况下，我们实际上只发布所有可用的物料，最早可以解决延期交货问题的时间是下一个时期的开始。然而，在下一个时期开始时，我们可以获得有关当前需求的准确信息，并可能更好地了解未来需求。因此，很容易看出，通过发布比可用物料更多的物料来创建（逻辑的）延迟订单的决策，并不比准确发布所有可用物料的决策好。

我们的论点仅适用于 SCOP 概念，供应链中的所有项目都隐含地或明确地"了解"有关未来外生需求的信息，这适用于所有 SCOP 概念，这些概念用所有当前状态信息和预测信息将某个集中式数据库包含在内。自上而下的 SCOP 概念，如 SIC 和 MRP-Ⅰ，通过扩张过程来传递外部需求信息，但代价是无法执行的错误订单发布决策，并需要人为干预来解决由此产生的问题。

上述情况意味着，我们对延期交货订单随时间的演变施加以下约束，这一约束适用于所有项目

$$B_i(t+1) - B_i(t) \leq D_i(t), \forall i, t \geq 1 \qquad (附.1)$$

上述公式表明，积压量的增加不能超过外生需求，可以很容易地看出，对于所有 $t \geq 1$ 的 $D_i(t)=0$ 的中间项 i，即中间项 i 没有独立需求，我们有

$$B_i(1)=0 \Rightarrow B_i(t)=0, t \geq 1$$

项目 i 的非独立需求 $G_i(t)$，$G_i(t)$ 是由 V_i 中的项目生成的，在时期 t 开始时对项目 i 的独立需求包括在时期 t 开始时在 V_i 中所有项目的下发数量的总和，这意味着

$$G_i(t)=\sum_{j \in V_i} a_{ij} r_j(t), \forall i \in I$$

项目 i 必须有足够的库存，以确保立即开始执行发布决定中涉及的转换活动，时期 t 的实际起始库存等于

$$p_i(t)+\max(0, I_i(t)-B_i(t))$$

因此，$G_i(t)$ 必须满足以下方程组

$$G_i(t) \leq p_i(t)+\max(0, I_i(t)-B_i(t)), \forall i, t=1, \cdots, T$$

式（附.1）指出，从一个时期到下一个时期的积压不得超过该期间的外生需求，而上述方程组则规定，计划概念的发布不得超过实际情况。下面的引理表明，这两组方程是等价的

$$G_i(t) \leq p_i(t)+\max(0, I_i(t)-B_i(t)) \Leftrightarrow B_i(t+1)-B_i(t) \leq D_i(t)$$

上述引理的证明是直截了当的，它是从下面提出的库存平衡方程和所涉及变量的定义导出的。

此外，我们假定所有发布量都是非负的，即不可能返回

$$r_i(t) \geq 0, \forall i, t=1, \cdots, T \qquad (附.2)$$

这意味着发布量共同构成了一个可行的计划。注意式（附.1）仅声明不得发布超出实际可用的数量。如果在 $i \in P$ 的情况下，人们可能决定保留外生需求的可用性。这方面取决于供应链运营计划概念。可以很容易地证明 MRP/DRP 概念（参见 Silver 等，1998 年）作为计划概念不满足约束式（附.7）（见上文关于自上而下计划逻辑的讨论）。在 De Kok 和 Fransoo（2003 年）的数学规划模型中，它可以被视为 MRP/DRP 概念的扩展，因为这些模型在牺牲更多（很多）的计算量的情况下纳入了可行性约束。

鉴于所做的发布决定，我们可以编写所谓的库存平衡方程

$$J_i(t+1) = J_i(t) - G_i(t) - D_i(t) + p_i(t), \forall i, t = 1, \cdots, T \quad (\text{附}.3)$$

使用净库存的定义，我们可以写出

$$I_i(t+1) - B_i(t+1) = I_i(t) - B_i(t) - G_i(t) - D_i(t) + p_i(t), \forall i, t = 1, \cdots, T$$

（附.3'）

$I_i(t)$ 和 $B_i(t)$ 的动态特性决定了供应网络的性能，我们在此强调，过去采取的发行决策的影响以及项目 i 的计划提前期的影响都在 $p_i(t)$ 中"累积"。这将在附3和附4中详细讨论。

总之，我们通过定义项之间的父子关系来定义供应网络的物料结构，从这些关系中，我们得出了一组（发布）约束，这些约束应该满足任何供应链运营计划概念。在讨论各种供应链运营计划概念时，我们会关注它们对这些约束的遵守情况。

附3　资源约束及其表示

在本节中，考虑到上述关于资源可用性和资源使用的信息，我们导出了一组与产能使用相关的必要条件，任何供应链运营计划概念都应该满足这些条件。事实证明，这种约束的推导并不像上一节中导出的物料约束那样简单，这可以解释如下。

考虑到项目 i 的订单发布量 $r_i(t)$ 和交货时间 L_i，我们可以制订以下约束

$$\sum_{i \in U_k} c_i r_i(t) \leq C_{k,t+L_i-1}, k = 1, \cdots, K, t \geq 1$$

这意味着与在时期 t 开始时发布的项目订单相关联的资源 k 的总产能需求，不应超过 $t + L_i$ 期间资源 k 的可用产能。些条件是充分的，但不是必要的，以确保在时期 t 开始时发布的项目 i 的订单在 $t + L_i$ 期间开始时可供使用。只有当我们要求在时段 $t + L_i - 1$ 中处理在时段 t 开始时释放的项目时，上述约束才是必要的。这相当于在提前期 L_i 上尽可能晚生成的决策

规则。一般来说，从项目 i 订单的计划交货期 L_i 来看，在时期 t 开始时释放的项目订单，即时间间隔 $(t-1, t]$，必须在时间间隔 $(t-1, t+L_i-1]$ 的相关资源上进行处理，以保证在 $t+L_i$ 期间开始使用的可用性，由于必须提前处理项目 i 订单所需的物料，因此

$$\sum_{s=1}^{t} r_i(s) \geqslant \sum_{s=1}^{t} q_i(s) \qquad (\text{附}.4a)$$

式（附.4a）的右侧表示到 t 期（包括 t 期）为止处理的项目 i 的累计数量，式（附.4a）的左侧表示到 t 期（包括 t 期）发布的项目 i 的累计数量。在这里，我们假设在不失通用性的情况下，在第 1 阶段开始时，系统是空的，即在 0 时期之前不发布订单，也没有库存可用。

为了确保在 t 期开始时发布的订单可以在 $t+L_i$ 期间使用，我们必须在 $t, \cdots, t+L_i-1$ 期间处理与 $r_i(t)$ 相关的物料。由此可以看出

$$\sum_{s=1}^{t} r_i(s) \leqslant \sum_{s=1}^{t+L_i-1} q_i(s) \qquad (\text{附}.4b)$$

从 $q_i(t)$ 的定义，我们发现

$$\sum_{i \in U_k} c_i q_i(t) \leqslant C_{kt} \qquad (\text{附}.5)$$

综上我们发现

$$\sum_{s=1}^{t} \sum_{i \in U_k} c_i r_i(s) \leqslant \sum_{s=1}^{t+L-1} C_{ks}, k=1,\cdots,K, t \geqslant 1 \qquad (\text{附}.5')$$

式（附.5'）的必要性是显而易见的，其充分性来源于这样一个事实，即我们可以假设产能的先进先出分配，由此我们可以通过将发出的订单尽快分配给资源来构建可行的分配。在滚动排程环境中，我们可以重写必要和充分的条件，以便从式（附.5'）的左侧减去时期 t 之前消耗的容量，从式（附.5'）的右侧减去时期 t 之前可用的容量。在下一阶段中，我们将使用式（附.4a）、式（附.4b）和式（附.5），因为它们明确地将物料释放量 $\{r_i(t)\}$ 和物料加工量 $\{q_i(t)\}$ 联系起来，后者提供了关于产能使用的有用信息。

扩展到项目 i 可以由多个资源处理的情况，意味着变量的定义，表示

在 t 期开始时释放的订单当中，哪些数量的订单是由特定资源处理的。为了我们进一步比较不同的供应链规划概念，我们可以将其限定于每个物品由单一资源处理的情况下。

附 4　计划提前期与 $\{r_i(t)\}$、$\{q_i(t)\}$ 和 $\{p_i(t)\}$ 之间的关系

在库存平衡方程式（附 3'）中，我们使用变量 $\{p_i(t)\}$，它表示在时期 t 开始时可供使用的物料数量。显然，这些变量与物料释放量 $\{r_i(t)\}$ 和物料加工数量 $\{q_i(t)\}$ 有关，因为这些是在数量可供使用之前必须做出的决策，事实证明，我们在这里有相当大的自由度，我们有

$$P_i(t) = q_i(t-1), t \geq 0$$

这意味着我们假设在时期 t 开始时，在时期 $t-1$ 中处理的项目 i 的数量变得可用，这在由约束式（附.10a）、式（附.10b）和式（附.11）限制的决策空间内提供了最大的灵活性。然而，这可能意味着，根据订单发布时刻和计划的提前期，物料的可用性比计划的提前，这可能被认为是有利的，但这可能意味着物料过早可用。我们必须意识到 SCOP 模型仅代表现实的一部分这一事实，这意味着没有在 SCOP 层级建模的物料只能在计划提前期得出的截止期可用，即使它代表了所有的物料，但我们仍然面临着加工和未来需求的不确定性。

计划提前期的概念是一种创造未来材料可用性确定性的方法，我们认为，我们应该制订 SCOP 约束条件，使它们反映计划交货时间概念背后的概念。通过定义 $\{p_i(t)\}$ 可以确保这一点。

$$p_i(t) = r_i(t - L_i), t \geq 0$$

假设计划的提前期是现实的，因此车间层级很有可能满足截止期，这一定义符合约束条件式（附.10a）和式（附.10b）。请注意，这是我们在经典库存管理理论中考虑无能力系统时的典型假设（Silver 等，1998 年）。

根据 $\{p_i(t)\}$ 的上述定义，我们将库存平衡方程重新表述如下

$$I_i(t+1) - B_i(t+1) = I_i(t) - B_i(t) - G_i(t) - D_i(t) + r_i(t-L_i), \forall i, t = 1, \cdots, T$$
(附.6)

附5 总 结

在本节中，我们详细定义了供应链运营计划的问题，并推导出了必要且充分的物料和资源约束。

必要和充分的物料约束为

$$B_i(t+1) - B_i(t+1) \leqslant D_i(t), \forall i, t \geqslant 1 \quad (附.7)$$

$$r_i(t) \geqslant 0, \forall i, t = 1, \cdots, T \quad (附.8)$$

$$I_i(t+1) - B_i(t+1) = I_i(t) - B_i(t) - G_i(t) - D_i(t) + r_i(t-L_i), \forall i, t = 1, \cdots, T \quad (附.9)$$

必要和充分的资源约束为

$$\sum_{s=1}^{t} r_i(s) \geqslant \sum_{s=1}^{t} q_i(s), \forall i, t = 1, \cdots, T \quad (附.10a)$$

$$\sum_{s=1}^{t} r_i(s) \leqslant \sum_{i=0}^{t+L_i-1} q_i(s), t = 1, \cdots, T \quad (附.10b)$$

$$\sum_{i \in k} c_i q_i(t) \leqslant C_{kt}, \forall k, t = 1, \cdots, T \quad (附.11)$$

$$q_i(t) \geqslant 0, \forall i, t = 1, \cdots, T \quad (附.12)$$

式（附.10a）、式（附.10b）和式（附.11）是针对特殊情况推导出的，其中每个项目只能在单个资源上进行处理。然而，上述定义的约束为比较不同的供应链概念提供了基础，特别是它们能够对物料和资源的可用性及使用情况做出的假设。

致　　谢

本书是多年写作的结果，它包含了我们在职业生涯和学术生涯中收集到的见解。据我们所知，还没有一本关于实施 APS 系统的综合性书籍，这是我们写这本书的动机。这本书的第 1 版是在 2005 年形成的，多年后，当 Ton 加入该项目时，写作的进展得到了提升，这使得这本书的定稿成为可能。

当我们在 2012 年开始一起讲授 APS 系统时，对于学生来说，Ton 和 Vincent 的工作之间的关系并不总是很清楚。Ton 代表那些用严谨的数学来解决规划问题的科学家，而 Vincent 被视为"来自实践的人"，他以务实的方式处理规划问题。与此同时，学生们会看到两个秃顶的家伙，他们是热情的演讲者，有着强烈的个人观点。写这本书给了我们很多关于这些世界如何相互作用的见解：从学术界可以学到什么，应用理论到底意味着什么，以及在实践中有什么可以起作用（什么不起作用）。所以，在过去这些年里，我们的认知越来越一致，出版这本书也是对彼此观点的肯定。

多亏了许多人的支持，我们才得以写完这本书。

我们要感谢 Quintiq 的人们允许 Vincent 参与一些 APS 项目，并学习如何实际支持实践计划。Vincent 有幸与 Quintiq 的一些非常聪明且能干的 APS 专家一起工作。

有几个人已经审阅了本书的草稿：Gudrun Goeminne，除了忙于担任计划主管之外，还为本书做了许多细致工作。此外，我们要感谢 Bram Bongaerts 和 Matthijs Toorenburg，他们也评审了本书的早期版本。

Ken McKay 自 1996 年访问纽芬兰与 Vincent 讨论他的研究以来，一直是一个鼓舞人心的朋友。在实践中，Ken 在解决规划问题方面给了 Vincent 一个先机。

对于我们两人来说，Will Bertrand 一直是埃因霍温理工大学现任运营、规划、会计和控制小组的教师和架构师。Will 的知识源于运营的黄金时代，即 20 世纪 50 年代末和 60 年代初，Herbert Simon、Charles Holt、Franco Modigliani 和 John Muth 等大师的联合力量，他们根据经验研究工厂的运作；Jay Forrester 同样根据经验研究了供应链。Will 是为数不多的运营管理研究人员之一，他的职业生涯中有相当一部分时间用于观察操作过程以及执行和管理这些过程的人员。他已经能够将这些观察结果转化为制订控制概念的具体指导方针。自从 Will 加入埃因霍温理工大学以来，Ton 的数学建模工作一直以 Will 的概念思想为出发点和约束，来把握操作中的定量因果关系。同样，Vincent 在实践中对概念问题的处理方法也源于 Will 提供的生产控制经验。我们希望我们的共同努力能够公正地对待 Will 的贡献。